El lado Positivo del Abandono

Haz las paces con el pasado,
abraza los regalos que tienes en tus manos,
conoce al que nunca te ha abandonado.

Alfa Yáñez

Conferencista y líder en la comunidad Mujer Valiosa

Editorial Güipil

Para otros materiales, visítanos en:
EditorialGuipil.com

Publicado por **Editorial Güipil**
Miami, FL - Charlotte, NC. Estados Unidos de América

Editorial Güipil

Editorial Güipil. Primera edición 2020
www.EditorialGuipil.com

ISBN-13: 978-1-953689-01-6

Categoría: Crecimiento Personal / Vida práctica / Inspiración / Familia
Category: Personal Growth / Practical Living / Inspiration / Family

«Cuando todos te abandonan,
Dios se queda contigo.»
— Mahatma Gandhi

Dedicatoria

Hace relativamente poco tiempo vine a ti, buscándote
porque recibí un mensaje que decía que eras mi Padre
Celestial y que me querías dar un abrazo.
Totalmente perdida y con cero conocimiento de ti,
me acerqué y obraste milagros, uno tras otro, tras otro.
Este libro, te lo dedico a ti, pues fuiste Tú quien puso este
sueño en mi corazón de escribirlo para todas aquellas
personas que han sufrido de abandono.

Tuya es la honra y la gloria, Señor.

Con amor, Alfa Beatríz.

Agradecimientos

A mi familia, por ser mi sostén invaluable. Gracias, mamá, por tu apoyo y amor incondicional siempre.

A mi árbol genealógico, que con sus ramas y raíces profundas, hoy reverdece más que nunca, mejorando la calidad del aire que respiro.

A Rebeca Segebre y Víctor Aparicio, por creer en mí y apoyarme. De ser una simple soñadora pasé a una mujer valiosa comprometida en hacer mis sueños realidad.

A Martha Durán, por insistir en que debería publicar un libro y cuya motivación me impulsaba. Me llevó mi tiempo, pero nunca claudicó.

A Irene Ramos, por invitarme a escribir en su grupo de mujeres y llevarme a la *Academia Escribe y Publica tu pasión*.

A mis amigos del presente y del pasado que me abrazaron marcando felizmente mi vida.

A mis amores que me inspiran a vivir alegre y a realizar mis sueños apasionadamente.

Elogios

"**A**zares en tu lucha por estar en la danza de la fertilidad intelectual
Lucidez total en tu forma de dar y amar en tu entorno
Fantasmas del pasado que enarbolan y enorgullecen tu presente
Atardeceres de melancolía llenas de sueños y fantasías logrables
por tu incansable tesón y osadía.

Yánez, apellido que posees de honor y justicia
Abuela de la cual heredaste esa gran comprensión y calidad humana
Ñono todo aquel que afecte tu calidad intelectual y espiritual
Encontraste en la Palabra y el amor de Dios la tranquilidad y paz que
tu corazón necesitaba.
Z es la última letra de nuestro alfabeto, pero tu posees la primera
de todos los abecedarios. ¡La A de Alfa es Amor!"

Beatríz Puente Ruiz
Madre de la autora

"**A**lfa, después de leer lo que me hiciste el favor de compartir
de tu libro no me queda más que felicitarte por haber elegido
recordar de tu Padre los momentos que pudiste vivir con él con
alegría, eso hace que te conviertas de víctima a superviviente,
que es el camino de crecimiento en la vida, Dios nos pone
en la vida para crecer y a veces es duro lo que nos toca, sin
embargo a cada uno le da lo que puede asimilar, así que no
se equivocó contigo, él te bendice y siempre acompaña en tu
caminar, sigue adelante contando tu historia, seguro será una
gran herramienta para quien la lea. Gracias por permitirme
expresar sobre este hermoso proyecto."

Nayo Escobar
Empresario, músico y escritor

"Como Toastmaster durante muchas décadas, he evaluado a miles de oradores. Desde el momento en que escuché por primera vez a Alfa pronunciar un discurso, supe que ella cambiaría nuestras vidas. Ella compartió su pasión y amor a través de la narración de sus historias de manera que me trasladó emocional y mentalmente a ellas. ¡Su empatía y compasión por sus oyentes nacen de sus propias abrumadoras experiencias de vida, sin embargo, la Sra. Yáñez de hecho las ha superado para nuestro beneficio duradero!"

Ted Parsons
Distinguished Toastmaster

En una tarde hermosa, estaban reunidos los amigos para aprender del Amor de Dios; entre los amigos se encontraban la experiencia y la exhortación. Platicando entre ellos, la experiencia comentaba que tenía en su corazón el deseo de escribir sus historias, buenas y otras no tan buenas de su vida, pero que nunca se había animado; la exhortación escuchando estas palabras, y guiada por el Amor de Dios, hizo lo que mejor sabía hacer y exhortó a la experiencia a que se animara a escribir todo aquello que había en su corazón. Esa hermosa tarde aprendieron más del Amor de Dios y cada uno se fue a su casa. Pasaron los días, y un día la experiencia se puso en contacto con la exhortación para comunicarle que había puesto en práctica aquella exhortación que había recibido de su parte y que no solo había participado ella sola, sino que había invitado también al talento, a la habilidad, al corazón para que le ayudaran; hubo también un invitado muy especial, para que los guiara, invitaron al Amor de Dios.

Al reunirse todos ellos pudieron poner en palabras lo que la experiencia tenía en su corazón y el resultado fue ¡hermoso!, lloraron juntos, rieron juntos, perdonaron juntos, pero, sobre todo, la experiencia pudo tener paz y reconciliarse con sus seres amados, con la gran ayuda del Amor de Dios.

Te invito a leer este hermoso libro que Alfa Yáñez, la experiencia, ha escrito, ya que estoy seguro, tocará tu vida y podrás sumergirte en la historia de tal manera que el Amor de Dios te llenará y rebosará tu corazón, trayendo como resultado la Paz de Dios que sobrepasa todo entendimiento.

Con todo cariño,
La Exhortación

Octavio Peralta Murguía
Misionero para las naciones

Conozco a Alfa Yáñez desde hace 40 años, así que puedo decir que lo que pone en su libro refleja pasajes de su vida muy íntimos con una riqueza narrativa que transmite la cercanía e intimidad de sus vivencias. Pero lo más importante es que en ellas encontrarás aspectos que conectarán contigo.

La sensación de abandono es un arquetipo emocional que nos acompaña en toda la vida. Forma parte del desarrollo. Crecer implica sumar y nutrir, así como desprender, dejar ir. Avanzar en la vida implica superar estas experiencias para evitar estancarnos y continuar con nuestro camino. Las pérdidas en la vida son inevitables y aprendemos a lidiar con ello; lo descubrimos al caminar por la vida. El abandono como pérdida es una experiencia que duele, debilita. Es germen de otros sentimientos como la culpa, desvalía, recelo y desconfianza.

Tener quién nos acompañe y anime en el camino siempre es bueno. Y esto es lo que te ofrece Alfa Yáñez con este magnífico libro. En el sentirás la cercanía de la autora y te invitará a participar activamente en la medida que avances en la lectura. Cuidando el principio el respecto a cada persona, encontrarás una guía paso a paso de cómo incorporar estas experiencias en tu desarrollo hacia la plenitud y la prosperidad personal. Por esto y por todo lo que puedas descubrir al leer este libro, es que vale cada momento que le dediques.Debes tenerlo en tus manos cuanto antes.

José Antonio Zamora Barrera
Psicólogo, autor y conferencista

Contenido

Introducción

«Despierto porque escucho ruidos, camino hacia el pasillo y veo que gente extraña entra y sale de mi casa, puedo oír llantos en la sala, y en el rincón del comedor veo a mi tía de pie haciendo llamadas telefónicas. Todo es un caos y me arrinconó junto a un moisés blanco cubierto de tul. A partir de esa noche, y a la tierna edad de 5 años, mi vida dio un giro inesperado.

Yo sólo exclamaba:Papi, papi, ¿dónde estás?»

Estudios revelan que hay más de 400 millones de niños abandonados en el mundo y de acuerdo al U.S. Census Bureau 2017, existen 19.7 millones de niños en Estados Unidos que viven sin la figura paterna en casa, es decir, sin el padre biológico, un padrastro o bien un padre adoptivo.

En México, según el Censo de Población y Vivienda 2010, el padre está ausente en cuatro de cada 10 hogares (11.4 millones de hogares).

Y en otros países de Latinoamérica no es la excepción, como Colombia, en donde las cifras muestran que el 85% de los niños que nacen son criados por madres solas.

Como podemos percibir, este mal creciente afecta a sociedades enteras.

Los expertos concuerdan en que el abandono es una de las experiencias más duras que puede vivir un niño, dejándole una lesión profunda y perdurable, afectando la seguridad de sus relaciones venideras.

Yo formé parte de un hogar monoparental y para mí el abandono de mi padre en la infancia fue un evento trascendental. Ya en la etapa de mujer madura viví también el abandono de una persona amada con la cual viví casi la mitad de mi vida. Así que, sin querer, me convertí en una experta en la materia y vi la necesidad de compartir mis experiencias con mujeres que al igual que yo, han sido abandonadas por diversas circunstancias y motivos en la vida, pero a todas nos une ese dolor originado por la ausencia del ser amado.

MI FAMILIA: *El núcleo que me inspiró a escribir.*

Cuando decidí aventurarme a escribir este libro, deseaba relatar las historias de mi familia, pues nací en una muy singular, pero al ir ahondando en mis raíces, me di cuenta que era mi propia historia la que debía contar. Sin embargo, espero en un futuro no muy lejano, escribir alguna novela para dar vida a ciertos personajes de mi fabuloso árbol genealógico

Escribí este libro porque quise superar muchos miedos y siendo sincera, experimenté que el recurso de la escritura tuvo un efecto terapéutico y liberador en mí, por lo que te recomiendo hagas uso de esta herramienta para sanar.

Además, quiero dejar como legado estas memorias del corazón a todas las mujeres abandonadas para que sea utilizada como guía de inspiración y superación personal.

Toda mujer que ha padecido del abandono es mi hermana, ya que tenemos ese vínculo.

No importa que persona amada te haya abandonado, el dolor es el mismo.

Los hijos dejados a la deriva por el padre o la madre, la esposa abandonada por el esposo, los padres abandonados por su hijo o hija ya sea que se casaron y nunca más los procuraron, o bien los ancianos que confinan a un asilo, o peor aún, los desamparan a su suerte en la calle. Todos ellos son proclives a caer en el victimismo, a acompañarnos de la tristeza, a vivir con el dolor de no sentirse suficiente y por ende no amados. La sombra del abandono nos cobija con sentimientos de culpa, exclusión y vergüenza del rechazo.

Uno se siente de poca valía y desamor total. La incomprensión habita en tu mente, simplemente no das crédito como aquella persona que te amaba tanto un buen día se marcha y no vuelve. Se queda uno con la incógnita del porqué y empiezan a crecer las raíces de lamento y amargura en tu corazón, pensando que fuiste un estorbo o una carga.

A mí me llevó 18,250 días romper sus ataduras, sí, 50 años viviendo y cubriéndolo en silencio, pero por fin soy libre del pecado de la falta de perdón y de la incredulidad, porque el abandono también genera inseguridad y desconfianza a todo.

Desde la plataforma del perdón te enseñaré a que si no puedes recuperar la relación con las personas que te abandonaron, si puedes restaurar tu vida.

Ahora sigo conectada al pasado sólo con los recuerdos gratos y positivos, ya que son los regalos que Dios me da, también me enseña a vivir en gratitud y a elegir vivir mi vida con actitud positiva. Soy una hija de Dios, y él como Padre Celestial, nunca me ha abandonado ni me abandonará.

Escrito está en el Salmo 27:10 "Aunque mi padre y mi madre me dejaran, con todo, Jehová me recogerá." (RVR1960)

En este libro encontrarás el efecto sanador de reaprender y, además:

· Sanar la herida del abandono y sus efectos.
· Fortalecer tus relaciones interpersonales.
· Dejar de vivir en el pasado y ya no estancarte.
· Examinar qué es lo que te apasiona y alcanzar tus sueños.
· Identificar a tu Creador amoroso como el motor en tu vida.

¿Me permites orar por ti?

Señor, te doy gracias por la vida de: (tu nombre aquí) _____, quien en su afán de saber que tiene de positivo un abandono, hoy está leyendo estas líneas para enriquecerse sobre el tema o más aún, para tomar las herramientas necesarias y perdonar ese abandono.

Padre celestial, te pido bendigas a todas las personas que han abandonado hijos o padres. Solo tú y ellos conocen las circunstancias por las que decidieron hacerlo. Saca de nuestras vidas cualquier raíz de amargura, resentimiento, y falta de perdón.

Bástenos tu gracia y amor inagotable, en el nombre de Jesús, ¡Amén!

El lado Positivo del Abandono

Haz las paces con el pasado,
abraza los regalos que tienes en tus manos,
conoce al que nunca te ha abandonado.

Alfa Yáñez

Conferencista y líder en la comunidad Mujer Valiosa

CAPÍTULO 1

SE FUE ¿CUÁNDO VOLVERÁ?

LA CONMOCIÓN DEL 94

Mirando la televisión un día, vi la noticia donde hablaban de una persona muy importante en la historia de nuestro país. Cuando miré más de cerca me di cuenta de que aquel hombre era mi padre, aquel que me había abandonado cuando yo tenía cinco años en la ciudad que me vio nacer, la ciudad de las montañas, Monterrey, México.

Era el hombre con el que había tenido fantasías de niña, donde creía que regresaría trayéndome un conejo que le pedí cuando una noche lo vi con una carabina, me cargó, me dio un beso y se despidió diciéndome que se iba de cacería. No quise que me hicieran fiesta de quince años porque me preguntaba: «¿Con quién voy a bailar el vals?». Él era el hombre que me hubiese entregado el día que me casé. Pero ahora estaba en la televisión y un sentido de admiración extraña llegó a mí.

Me alegró ver que mi padre fue por sus sueños, aunque no fueran iguales a los míos y aunque yo no fuese parte de ellos. Eso me hizo querer investigar sobre mi pasado, mis creencias sobre el porqué se fue. Ya no quise fantasear, sino ver la realidad con nuevos ojos.

Así que decidí ir al pasado y encontrar los TESOROS escondidos en todas las etapas de mi vida, desde mi niñez hasta la mujer adulta de hoy.

Como pueden ver, todo lo que sabía hasta ese momento

de mi padre, era cuando era muy pequeña y se fue, y ahora lo que me contaban las noticias.

Desconozco los trasfondos políticos y detalles de su decisión, y ya hoy veo que es algo irrelevante, no importa que fui aquella niña que lloró la ausencia de un padre que fue bueno y fui la jovencita que sufrió su ausencia, pero hoy soy la mujer que por la gracia de Dios logró encontrarlo y perdonarlo nuevamente, y reconstruir desde donde nos distanciamos.

El abandono de mi padre causó una herida emocional que si bien no se veía, latía en mi interior cada día desde una temprana edad. Fue el trauma de prescindir de un corazón, emociones y seguridades que antes te nutrían y de repente te despojaron.

Cuando fui a buscar los recuerdos de mi padre, recordé estas imágenes que voy a compartir contigo. Este ejercicio me hizo sentirme una niña abandonada porque su padre no la amó y no le interesó su vida; pero también me hizo verme como la mujer que ahora recuerda la ternura y amor que recibió de su padre en su niñez temprana.

EL HÉROE DE MI INFANCIA

Toda niña ve en su padre a ese hombre alto y fuerte y lo considera un héroe. Yo no fui la excepción.

Él gritaba mi nombre para que lo acompañara a ver su serie favorita de televisión Hawaii 5-0; se recostaba y tenía la costumbre de llevarse las manos bajo su cabeza; pero sin almohada o cojín. Como él era robusto, yo trataba de subirme por un costado suyo, pero mi cabecita se posaba casi a la altura de su corazón y oía el latir pausado, ese bum bum. Me acariciaba el cabello y me quedaba dormida.

Al sentir que me ladeaba cuando se enderezaba, con sus fuertes brazos me cargaba para llevarme a la cama. Me sentía segura. Es por eso que mi padre me llamaba a divertirme con él, dulcemente me dormía; él me protegía y me daba paz.

También recuerdo cuando me llevaba al parque y a los juegos mecánicos, solos, él y yo.

Íbamos en un carrito rojo que parecía zapatito —me imagino que era un Renault—, y ahí iba yo, acercándome a la ventana para ir contemplando las calles. En el parque había una fuente inmensa al centro y esos chorros saltarines de agua eran mi delicia. Todo me parecía gigante, los árboles y los arcos, creo que se trataba de La Alameda. Esa tarde me compró de esos frasquitos de jabón con agua para hacer burbujas y me preguntó que cuál quería. Elegí el morado, y atacados de la risa me hacía correr tras las burbujas que él soplaba en aquel arito forrado. Luego, me cargó para pedir un algodón de dulce rosa, de esos que el señor los hace envolviendo en un gran tina y cuando los pruebas se te pegan en el paladar. Definitivamente fue una tarde espectacular.

En otra ocasión, me llevó a una casa donde había un gran piano negro y ahí una señorita me permitió acariciar el teclado. Fue emocionante oírla tocar una melodía. Rato después, nos bajamos en los famosos juegos mecánicos Manzo de la localidad, y por mi estatura solo me podía subir a una mini rueda de la fortuna. Eran unas canastitas giratorias; y cada vez que lo volteaba a ver, ahí estaba él, imponente, sonriente y mandándome saludos. Cuando descendí, fui corriendo a sus brazos y me cargó.

En estas memorias pude comprobar que mi padre siempre me tomaba de la mano, tenía sentido del humor y me llevaba con él a todas partes, haciendo huecos en su agenda para divertirse conmigo y mimarme como él sabía, cargándome y abrazándome.

Un buen día, mi padre llegó con un ramo de flores y moños azules, cargando algo raro que yo no conocía, pero hoy sé que era como un moisés de mimbre. Me llamó y me dijo:

—Mira, Alfita, es tu hermanito.

Al asomarme y ver aquel bebé pelón y arrugadito, la verdad me espantó, pero él se rió y me dijo:

—Dale un beso en la frente.

Así lo hice y me fui corriendo a seguir viendo la caja de pollitos amarillos que él me había traído días atrás.

También recuerdo que cuando dijo que se iba de cacería, me dio un beso de despedida y añadió:

—Cuida a tu mamá y a tus hermanos.

Otra imagen que preservo fue cuando el hombre llegó a la luna. Estábamos en el kínder todos atentos y sentaditos en el piso viendo la tele grande en blanco y negro. Cuando mi padre me recogió, yo le fui contando lo que había visto y lo ataqué con mil preguntas, tales como qué comían los astronautas, cómo hacían para flotar y qué era de los alienígenas. Él solo me sonreía. Me tenía mucha paciencia, le gustaba oírme y contestaba lo que podía.

Otro recuerdo fue cuando íbamos de viaje a Morelia con mi abuelita, Beatriz. Ese viaje en especial lo ubico pues se oyó una gran explosión. Al bajarse mi papá a ver que había sido tal estruendo en la cajuela del coche, descubrieron que fue mi tetera que se botó por el intenso calor que hacía y ya llevaban horas de camino. Desde ese día llamé "la bomba" a esa tenebrosa mezcla de leche con huevo y no sé qué más ingredientes que me preparaban, solo porque él decía que "la niña está muy delgadita".

Así corroboro con alegría que mi papá se preocupaba por mi salud.

Lo consideraba un superhéroe. Me acuerdo que la mañana de un 20 de noviembre, mi hermanito y yo íbamos vestidos con los atuendos típicos conmemorativos de la Revolución Mexicana; y al paso de los carros alegóricos, por la muchedumbre y a empujones, mi papá me cargó y me puso de horcajadas en sus hombros mientras llevaba en su brazo izquierdo a mi hermano. De esa experiencia valoro que mi padre nos mantuvo unidos y bajo su brazo protector.

Al evocar todas estas escenas, mis mejillas temblaron y lloré mucho porque no podía creer que había olvidado esos momentos que demostraban lo valorada que fui por mi padre. En particular en mi recuerdo donde voy en la rueda de la fortuna y desde arriba yo lo miraba y me saludaba moviendo el brazo para que viera que el estaba atento de mí. De reojo veía su mirada fija en mí y sonriente por mi felicidad. Y lo más hermoso que sentí es que mi papá estaba esperándome con sus brazos abiertos, a lo cual iba yo corriendo a recibir su beso y abrazo.

Algo que aprendí es que no todos podemos recordar algo bueno de nuestros padres terrenales, pero Dios siempre deja testigos de Su amor y cuidado. Así que te insto a que vayas a tu pasado a buscar tesoros escondidos. Te recomiendo lo que yo hice, aunque solo tenía nociones vagas e imágenes borrosas de lo que conviví con mi padre debido a mi corta edad, fantaseé que iba en una cápsula del tiempo y me transportara con él.

Todo lo que relaté anteriormente lo apunté tal como se me iban viniendo esos recuerdos, pues ni fotos tengo para evocar más fácilmente.

Si tú escribes de corrido, verás los resultados. Cuando lo leas te sorprenderás al hallar esos tesoros que son de gran valor y sentirás la sanación que trae a tu alma el liberarte de esos pensamientos y sentimientos equívocos que has llevado por tantos años.

Las experiencias del pasado —nos pueden dejar recordando tanto anécdotas bonitas como otras que fueron dolorosas y nos estancamos, no permitiendo el desarrollo de una vida plena.

Esto nos puede ayudar a reescribir nuestra historia de mujer valiosa. Porque nosotros actuamos de acuerdo a lo que pensamos y si lo que hemos vivido lo hemos visto negativo esto afectará todo lo demás.

No esperes a cumplir 50 años, como yo, para reencontrarte con la relación que había entre tú y esa persona amada que te abandonó. ¿Qué esperas?

Haz una pausa y escribe a continuación:

Mis Relfexiones

....

....

....

....

....

....

....

....

....

....

....

....

....

....

....

....

....

Mis Relfexiones

....

....

....

....

....

....

....

....

....

....

....

....

....

....

....

....

....

....

CAPÍTULO 2
PENSÉ QUE ERA MÍO
PARA SIEMPRE
LA NIÑEZ SIN PADRE

Cómo marca la presencia o ausencia de un padre

Yo viví el abandono físico de mi padre, pero hay infinidad de personas que viven la ausencia de un padre, aun estando presente en sus vidas. Algo que siempre me dije, cuando oía sobre hijos quejándose de padres ausentes era: «Pues al menos ellos sí los han tenido, sí los ven diario, sí los apapachan de vez en cuando; o los regañan por su bien, los mandan a la escuela y proveen pero ¿yo? Yo no le merezco una notita en un sobre o una postal preguntando cómo estoy. No sé si murió o está en la cárcel o en un hospital.»

Quizá suene ilógico, pero en mi opinión personal, el hijo que ha tenido un padre ausente ya sea en casa o distanciado por el divorcio, es todavía muy afortunado. Sabe mínimo, que está por ahí y que puede recurrir a él por alguna consulta de cualquier tipo. Lo tiene al alcance de una llamada o un texto. Sabe que puede contar con él, por lo menos para intercambiar ideas.

No voy a tratar el tema de la ausencia de un padre por motivos de suicidio o fallecimiento, pues considero que eso no es abandono. El dolor que te produce la ausencia del padre muerto ya es otro tópico.

El abandono es el hecho de descuidar o dejar de lado a una persona que está bajo responsabilidad de otro individuo, a eso yo llamo abandono. Si proteger es su obligación, entonces ese adulto que desampara lo hace por elección.

No importa cuál haya sido la razón del abandono, si por inmadurez emocional, falta de recursos económicos o de compromiso, por convicción a una causa justa, la que haya sido, tu padre se fue por su propia decisión.

Las experiencias del pasado nos hacen recapacitar hasta qué grado hemos sido marcados por la ausencia del padre.

¡Cuántas personas abandonan a sus hijos sin irse de su casa! Quizá sigan conformados como familia; pero por las ocupaciones y exigencias de trabajo de ambos padres, por lo general recae en la madre la responsabilidad del trato directo con los hijos en cuestión de tareas escolares y actividades extracurriculares. El padre, en su rol de proveedor, desatiende a sus hijos, llega muy noche, no juega con ellos, no está presente ni en juntas de padres de familia o bien se le pasa asistir el día del juego de fútbol de su hijo o el del recital de su hija. Es el padre «pregúntale a tu mamá» te ignora y se va a su cuarto o a ver televisión, pero no pasa tiempo contigo.

¿Cuántas personas abandonan a sus hijos después de un divorcio? Es increíble, pero hay infinidad de padres que una vez divorciados, se deslindan de sus hijos por completo, más si son mayores de edad. Por lo general, esos padres rehacen su vida, se casan y dejan familia, o a veces hasta mantienen a los hijos de la nueva esposa, pero no a los que ellos tuvieron antes. No contestan si se les llama, pensando que les van a exigir dinero, y otros inclusive se mudan de ciudad con tal de no seguir en contacto.

¿Cuántas personas no abandonan a sus hijos por ir a servir una causa justa? Por atender un ministerio, unos se van de misioneros a países lejanos, por ser activistas o defensores de causas sociales, por realizar investigaciones en pro de la humanidad, por ir en la búsqueda del famoso sueño americano para poder enviar dinero a la familia. Todo esto suena muy noble pues sabes que se justifica esa ausencia; pero sea lo que sea, al final del día, esos padres enfocados por salvar a otros, deciden irse y abandonan a sus propios hijos.

Los niños abandonados somos muy prestos a pensar: «¿Qué dije? ¿Qué hice para que se fuera? Tuve que haber hecho algo malo, por eso ya no me quiere y no viene». Inconscientemente se creen culpables y merecedores de no verlos nunca más. Uno va creando en su mente que si dijiste algo impropio o te portaste mal entonces todos se van a ir y te vas a quedar solo.

Infinita tristeza provoca el hecho de que te abandonen. No solo el que te dejen por días o años, sino a veces por un simple retraso de horas. Aparte, te vuelves desconfiado porque ya no crees que vayan a cumplir su palabra. Empiezas a ver con recelo a todos. Te vuelves huraño, pues rehúyes el trato de otros y rechazas las atenciones y muestras de cariño. Te llenas de temores, de fragilidad interior y mucha inseguridad.

El olvido también se hace presente en tu mente, pues te la pasas pensando si ellos se acordarán de ti, y si no te han olvidado entonces te llenas de coraje porque no acabas de comprender por qué rayos no te mandan, aunque sea un post it.

Pero hoy decidamos abandonar el abandono. En otras palabras, elegir dejar de lado todos esos pensamientos y creencias, así también todos esos sentimientos que han estado presentes hasta este momento.

A continuación, te relato algunos pasajes que pude rescatar de mi memoria, en los que podrás identificar cómo fui marcada por la ausencia de mi padre. Tuve momentos muy hermosos y otros menos placenteros, pero ocurrieron y los agradezco, sin ellos no sería capaz de diferenciar la transformación y madurez adquirida.

¿POR QUÉ SE OLVIDAN DE MÍ?

Fue duro cambiar de escuelas; recuerdo que fueron como cuatro planteles. Apenas hacía amiguitos y me cambiaban de escuela. Mi madre siempre hacía que le dijera el número de teléfono de memoria y ponía papelitos prendidos en la bolsita del suéter del colegio o debajo en mis zapatos de charol negro. Yo no sabía leer, pero todos los días me los ponía y me recordaba que no se me cayeran. El 75-75-29 se me grabó, aunque no quisiera. Cuando me cambiaron al colegio Justo Sierra, que eran de dos turnos, y apenas era el primer año de primaria, me sentí rara pues todos los alumnos iban saliendo y yo estaba ahí en el pasillo a que vinieran por mí a recogerme, el transporte escolar solo iba por mí en las mañanas.

Serían las dos de la tarde cuando aquel inmenso edificio se quedó vacío y salió una maestra y me vio en la banca. Me preguntó si me llamaba Alfa y le dije que sí. Yo no la conocía, nunca la había visto, pero creo que ella a mí sí. Me llevó a la dirección y me cuestionó si sabía dónde vivía; se me ocurrió enseñarle el papelito prendido en mi vestidito rosa que tanto me gustaba, y ella lo tomó y se fue.

No sé qué le habría dicho a la directora; pero esperé un buen rato, horas pues se hizo de noche. La directora salió de su oficina y me dijo que tenía que esperar a que vinieran por mí. Qué podía yo decir, más que aguantarme. He de confesar que tenía hambre, sueño, pero más que nada empecé a llorar porque ni mi tío ni mi mamá venían por mí, como era la costumbre. Me daba miedo estar allí solita en ese inmenso sillón de cuero frío viendo a la alta ventana con barandal, alto, muy alto y la luz de afuera se iba perdiendo; creía que ya no me querían, que me habían dejado ahí para siempre y que no volverían por mí.

Eran principios de los setenta y no existía la tecnología de hoy en día. A mí ni se me permitía usar o jugar con aquellos discos giratorios y números en el aparato colgado a la pared. En principio ni alcanzaba y como mencioné, no me era permitido. Solo me sabía el número de mi casa.

Dicho y hecho, transcurrieron las horas y quien apareció fue mi abuelo, Margil. Salté de gusto al verlo y me dijo:

—Ya, Alfita. Alfita, ya estoy aquí.

Ese episodio me dejó marcada. La soledad, aunque rodeada de seguridad, puede ser muy engañosa. En mi pequeña mente solo se cobijó el miedo y la tristeza.

Años después me enteré que ese día me quisieron secuestrar. Habían ido unas gentes extrañas diciendo que el doctor Margil los había mandado por mí. A la directora, que había sido compañera de clase de mi papá y sus hermanos, no le pareció normal y llamó a mi casa. Mi abuelo dijo que solo debía irme con él, que él iría a recogerme más tarde. Me imagino que por sus múltiples ocupaciones o consultas fue que llego retrasado por mí. Jamás volví a ese colegio y me cambiaron a otra escuela cerca de la casa.

En otra ocasión y que también recuerdo bien, mi sueño era aprender inglés así que me inscribieron en un instituto por las tardes. Creo que ya tendría como ocho años de edad.

Un buen día, salí del instituto y me fui a la esquina para subir al auto en cuanto mi mamá llegara. Vi de nuevo que estaba oscureciendo y no se vislumbraba el carro por ninguna parte; el tiempo se me hizo eterno, hasta que por fin apareció mi mamá. Quizá demoró por el tráfico; pero nuevamente tuve la sensación de que no le importaba a nadie.

En otra oportunidad, cuando participaba en el festival de danza del kínder y nos presentábamos en el teatro, veía cómo las demás niñas iban con sus papás. Aunque me hubiera gustado decirle: «mírame, papá», y que me aplaudiera desde las butacas; me entristecía y me conformaba no diciendo nada.

Recuerdo que cada diciembre yo no le pedía juguetes a Santa Claus, sino que me trajera a mi papá de regreso.

MIS ABUELOS

Al estar ausente mi padre, el que tomó el rol de esa figura paterna fue mi abuelo, Margil. Él era quien firmaba mis calificaciones de la escuela y fungía como mi tutor. Cabe mencionar que mi abuelo lo que tenía de inteligente y alma bondadosa, lo tenía de estricto y carácter fuerte. Era difícil acercarse a él, a mí jamás me regañó, pero su rigor imponía.

Gran parte de mi niñez transcurrió en la casa de los abuelos Beatriz y Margil; y tengo el privilegio de decir que conviví con ellos hasta el último momento, hasta que partieron a la presencia del Señor. Estoy muy agradecida con Dios porque viví rodeada del amor y cuidado también de mis otros abuelos, Panchita y José, y no se diga de mis tíos y tías que me leían Las mil y una noches o bien cantábamos y hacíamos juegos de ronda en las calles y me llevaban al cine, a los circos, a los balnearios y ferias expo agropecuarias y también a los parques de diversiones.

Un buen día, supe que unas primas habían tenido su fiesta de cumpleaños y yo me sentí rara pues no nos habían invitado a la piñata.

Luego, en otra ocasión de compras por el centro, las primas iban con su papá y las vi por el aparador; y cuando saludé, nomás se voltearon y se fueron. No entendía el porqué del rechazo y le pregunté a mi abuela Beatriz, pero solo se concretó a decir:

—Cuando mija sea grande va a entender muchas cosas, ahorita no es bueno hablar.

Así que el abandono, aunado al rechazo, dio por resultado una tremenda inseguridad.

Puedo decir que mi familia era muy conservadora y por ende llena de tabúes. No se podía preguntar nada, te esquivaban y cambiaban el tema. Con el tiempo descubrí que siempre viví en un mundo de apariencias. Al evocar ese desencuentro con las primas y los subsiguientes desaires de otros tíos que casi no venían a la casa de los abuelos; pero que el día que se aparecían nos trataban con menosprecio, vi que ahí fueron surgiendo las raíces del rechazo en mi corazón.

No sé qué les pasaba por la mente, pues nosotros estábamos chicos y sin papá; pero me inclino a creer que nos tenían envidia por el amor que los abuelos nos profesaban a nosotros y a otros primos que también habían quedado sin su padre. Eso solo ellos lo saben.

De chica disfruté mucho de esos días en los ranchos de

mis abuelos Yánez en el Mezquital, y de mis abuelos Puente en Villa de Juárez, Nuevo León. Allí íbamos a las carnes asadas y a andar en cuatrimotos con los primos.

En el Mezquital había una acequia y animales de todos tipos, pero principalmente perros y pavorreales. En ese lugar transcurrían mis tardes bajo la sombra de aquella inmensa Anacua al centro y que daba la bienvenida a todos los que le visitaban. La llamé La casa de los gatos con micrófono, porque así se referían los del pueblo a los ruidos que ellos escuchaban ya que el portón y la barda era alta, y la gente no podía ver que se trataban de los graznidos de los pavorreales.

Estar con mi abuela Beatriz me daba mucha paz. Siempre que yo llegaba, me decía:

—Ya llegó mi solecito.

Me divertía con sus chistes y adivinanzas, sus películas en blanco y negro y me deleitaba con las deliciosas comidas que preparaba. Entrar a su cocina era como ir al mundo loco del Quijote: sartenes y cazos de cobre colgados en la pared.

Andar pescando luciérnagas y ponerlas en un frasquito para después soltarlas es algo que más recuerdo. El aroma de los jazmines que ella me ponía en la oreja o de prendedor en mi vestidito; y no se diga, pescar en la acequia con mis primos.

Mi niñez sin mi abuela hubiera sido otra. A todos sus nietos nos tenía aventuras preparadas en la alberquita, en el pasamanos, en el huerto, en la gigante cama de agua, lunadas en tiendas como tribus indias, proyecciones de fotos, tardes de costura, tejido, punto de cruz, desgranes de elotes para alimentar a los pavos, ir a recoger los huevos al gallinero, darles de comer a los puercos, en fin, allí no se aburría nadie.

Mi primera película donde lloré fue con Bambi y Lo que el viento se llevó. Mi abuela era una amante del cine y del teatro, así que nos llevaba a todos los nietos juntos.

A mis ocho años de edad fue ella quien me regaló mi primer viaje en avión a Disney y Sea World a San Diego, California. Esas catarinas que se abrían y eran reloj que me compró allá y el anillo con la perla que sacó el buzo para mí, los conservé por muchísimos años. Sus cajitas musicales con bailarinas que me regalaba en mis cumpleaños adornaban mi recámara por todas partes.

Me encantaba sentarme rodeada por tantos libros en la inmensa biblioteca de su casa. Mi abuelo era un apasionado viajero; yo creo que por las fotografías que veía de él por todo el mundo me enamoré de la idea de seguir su ruta. «Un día, cuando sea grande, voy a ir ahí», así me dije, «recorrer China, la India, el Medio Oriente, Europa, y demás países lejanos».

Me percaté que aquellas fotos que pedía prestadas a mi abuelita para dar clase en ciencias sociales, las grabé en mi corazón y hoy en día estoy descubriendo ese mundo maravilloso que tanto anhelé.

LA MIRADA EN EL ESPEJO

Durante este viaje retro, me sorprende verme de pequeña; y deduzco que esa esencia y actitudes en mí, no han desaparecido. Muy internamente hay rasgos de personalidad que se quedaron guardados ahí pero que hoy como mujer adulta rescato y libero.

Alfita (así me llamaban) crecía rodeada de mimos, vestiditos, pompones, encajes con formas de corazón, con moños en el cabello y lustrosos zapatos de charol. Ah, cómo le gustaba tener bolsitas de todos tipos y colores, espejos, labiales de uva y fresa y perfumes sólidos que a la vez eran prendedor en forma de catarina y toallitas de perfume con aroma madreselva que su abuela le compraba. Se la pasaba jugando a las muñecas, una se llamaba Zaca y con ella pasaba el mayor tiempo posible.

Se la vivía jugando alrededor de la mandarina, los jazmines y el naranjo chino de su casa de Ave Madero 1126 Oriente en su natal Monterrey. Pasó muchas tardes en el pasillo reluciente de rombos naranjas y rojos con sendos helechos por ambos lados de aquel viejo caserón. Había una tapia blanca con una media puerta de reja negra que servía de división entre el pasillo central y el patio. Ese gran patio se distinguía con el hermoso árbol de mandarinas al centro, misma que se encontraba rodeada al calce de caracoles babosos y gusanos quemadores con los que se entretenía ver. La sala, recámaras, comedor y cocina al fondo. Sin faltar el traspatio con gigante tronco de higuera y al mero fondo, otros cuartos de servicio. En la fachada de la casa, dividida por el pasillo central, estaba el consultorio de mi abuelo y la joyería de mi mamá.

Recuerdo estar siempre platicando sola con mis muñecas y pasearlas en el cochecito de bebé alrededor del gran patio. Soñaba con tener el cabello largo y llena de joyas como las odaliscas, así que una vez fui al baño por una toalla y como pude puse muchos pasadores de pelo para que no se me cayera y le colgué una gran lágrima roja al frente, corrí al espejo a verme y me sentía soñada. Creía ser una de esas princesas de *Las mil y una noches* y me iba en los aires volando en mi alfombra mágica. Ahora comprendo mi delirio por el sonido de las percusiones y danzas árabes.

Como dormía en la litera superior, me encantaba subirme por la escalerita y contemplar desde arriba. Colgaba los edredones para simular una casita y ahí jugaba con mis hermanos.

Leí el libro de Ana Frank y le pedí a mi mamá que me comprara un diario, así que ahí empecé a escribir mis aventuras. Hace unos meses me lo encontré y fue un viaje maravilloso leer lo que yo escribía cuando contaba con once años de edad. Fue interesante y muy conmovedor encontrarme con un sobrecito de flores amarillas con remitente y recipiente «De Alfa, para Alfa» y adentro ver un pequeño álbum de fotografías. Como si yo supiera que ese sobre me lo encontraría ya de grande. Vaya que han transcurrido muchos ayeres de ese entonces...

Teníamos un perrito que se llamaba Hitler, y con él pasaba mucho tiempo jugando. Siempre nos acompañaba hasta la esquina de la escuela primaria y él solito se devolvía a la casa. A la salida de la escuela nomás nos divisaba a mí o a mi hermano desde la otra cuadra (cómo calculaba la hora, nunca lo supe) y se iba a recibirnos con gran estampida y felicidad.

Puedo decir que el sentirme acompañada con él, sentadita en el gran pasillo lustroso de mi casa, era muy reconfortante. Se me quedaba viendo con sus ojitos brillantes y yo escribiendo en mi diario ponía lo que quería ser de grande, decía:

—Quiero ser aeromoza para viajar, o maestra para enseñar, o embajadora para representar a mi país.

EL CAMBIO RADICAL

A fines de los setentas, un tío muy querido se iba casar en Texas y yo no podía ir por la falta de pasaporte. Se me hizo muy injusto que por la ausencia de mi padre, y por ende la falta de su firma, me iba a perder un evento tan especial en mi vida. Ahí fue cuando ya no me importó si mi papá regresaba o no. Es más, no quería saber nada de él y mi mente se cerró. Allí nació mi resentimiento hacia él. ¿Cómo era posible que ni siquiera me escriba? ¿Por qué no se acordaba de mí? ¿Por qué no le importaba? Estas y muchas otras preguntas rondaban por mi cabeza.

MI MAMÁ Y YO

Dado a la desconfianza creada en mí, hubo un momento en que llegué a pensar que mi mamá también se iría, así que no podía permitir que se interesara alguien por ella y la quitara de mi lado. Creo que yo pensaba mal de cualquier persona que fuera amable con ella, allí fue donde empecé a ser celosa.

Yo ayudaba a mi mamá a embolsar y hacer las notitas de remisión de la mercancía que ella tendría que entregar por su labor de ventas por catálogo. En aquellos años eran los productos stanhome y tupperware. Mi mamá hacia las demostraciones, levantaba los pedidos y luego íbamos a recoger los productos. Llegaba con cajas y ahí es donde yo entraba en acción, pues me divertía sacar las bolsitas y checar los números de clave que mi mamá me dictaba y yo encontraba; era como un juego de memorama para mí. Corría y se la daba y ella ya embolsaba para la cliente correspondiente.

Ya que mi mamá empezó el negocio de la joyería en la cochera de la casa, fue cuando emprendíamos viajes en tren o en autobús a la ciudad de México, ella y yo únicamente, para ir a surtir a las fábricas. Viajábamos toda la noche, tomábamos el taxi a las fábricas, nos surtían y luego íbamos a cenar temprano para ir a ver una obra de teatro, y saliendo, otra vez a la central para emprender el regreso a Monterrey. Ya cuando vislumbraba el amanecer sabía que íbamos llegando a mi querida ciudad.

Cuando mi memoria sacó a colación estos viajes exprés con mi mamá, que para ella era trabajo pero para mí eran de gozo, me sentí muy conmovida, pues aquí veo que el esfuerzo y amor inagotable de mi madre por sacar a su familia adelante ha estado ahí siempre, y me da gusto saber que yo era su compañía y ella la mía. Desde entonces siempre hemos sido inseparables.

Al encontrarme con una caja de álbumes y cartas aparecieron unas fotos donde estoy con ella, como de unos tres o cuatro años, y veo que también mi mamá me lleva agarrada de la mano. Agradezco a Dios pues hasta la fecha ella nunca me ha soltado. Ella es mi cómplice fiel y adoro su entusiasmo por la vida y alegres carcajadas.

Hoy, que escribo estas líneas, aprendí que aun cuando el destino bifurco sus caminos fui muy amada por los seres que me procrearon y eligieron llamarme Alfa Beatriz.

Toma unos minutos y pregúntate:

¿Cómo fue mi niñez sin mi padre? ¿Me sentí en algún momento culpable de su partida? ¿Creciste pensando que influiste en algo para que ya no volviera? Si es así, te invito a que pongas en estas líneas tus recuerdos y plasmar que tú no tuviste nada que ver en su decisión. Resulta conveniente saber cuándo surgió el cambio en ti, entre qué edades te marcó más la ausencia de tu padre.

_____

_____

_____

_____

_____

_____

_____

_____

_____

_____

_____

_____

No me huelga confesar que la nostalgia a veces nos atrapa; y cuando pensaba en Monterrey y su clima extremoso, rodeado de montañas y lleno de parajes naturales, era imposible no pensar en el caserón de los abuelos y por ende, en mi papá. Aún ya como mujer adulta, la melancolía me inspiraba y para sacar esos sentimientos me ponía a escribir cartas, sin remitente ni destinatario, pues sabía que al que se las escribía nunca le llegarían.

Esta fue una de ellas, de la Alfa fantasiosa, aun después de muchos, muchos años, en esta temporada de mi vida.

6 de julio, 2019
En algún lugar de la selva (2019); en algún lugar de Monterrey (1971)

Papá, ¿te acuerdas que con apenas cinco años, una noche saliste de prisa y te despediste de mi cargándome y diciéndome: «Cuida a tu madre y a tus hermanos»? Como te vi cargando una carabina, me dijiste que ibas de cacería y en mi inocencia te pedí que me trajeras un conejo…

Te escribo estas líneas para que sepas que aun con tu ausencia, tú siempre has estado presente. Hoy decidí tener esta cita contigo.

Te busqué y en la manera más ilógica que te puedas imaginar, di contigo y aquí estoy, aunque no me ves. Primero que nada, deseo expresarte que honro tu vida, pues fuiste copartícipe de formar la mía. En su momento, los dos seres que me crearon se profesaron un inmenso amor y el resultado fui yo. Tu primogénita, la que te hizo papá. Al repasar todos los títulos y rangos que tienes en tu haber, ese solo te lo di yo. La mayor de todos los veinte nietos de Beatriz y Margil, tus padres.

Le doy gracias a Dios porque te escogió a ti y a mi mamá para concebirme. Sí, con creencias y dinámica de vidas diametralmente opuestas, pero al fin y al cabo, unos seres totalmente adorables y comprometidos con la vida misma. Llevo tus genes y ese carácter de los Yáñez vive en mí. En nuestra extensa familia, conviví en parte con una generación que tú conociste de joven. Asimismo, convivo en parte con la nueva generación que tú ya no conoces, pero si interactuaras con ellos, te puedo asegurar que te admiran, respetan y desean conocer más de ti. No del comandante Germán o de tu activismo por los pueblos indígenas, ni de la guerra declarada a México en el '94 por el EZLN. No, ellos te quieren conocer en tu faceta de abuelo y padre.

Con tan solo cinco dejé de verte y es por eso que haré un recorrido con mi imaginación para llenar el hueco de todos esos años. Voy por un angosto y oscuro contorno de entrada al pasado, se ve todo negro, pero rodeado de oro y de muchos matices cobrizos. Es precioso. Voy recorriendo mi caminar a tientas, pero lo que no me acabo de creer es que aun en la penumbra, voy alegre, segura y confiada de que veré a mi padre trayéndome ese conejo que le pedí hace 50 veranos atrás.

Este caminito me está lanzando a una selva, es un lugar en el que nunca he estado, todo es verde y de exótica vegetación. Escucho preciosos cantos de pájaros, hay cascadas y ríos. Percibo el ruido del agua nítida deslizándose entre las rocas y acariciando el suelo. Hay resplandor por todos lados pero doy con una vereda que me lleva a un gazebo. Al querer aproximarme, voy caminando entre zacate fresco, y no sé cómo, pero podado. Por fin llego, el gazebo me invita a pasar y sentarme. Hay dos sillas de madera pintadas de un vibrante amarillo y también hay dos mecedoras de bejuco con originales y llamativos cojines. Escojo uno de los sillones y me apoltrono. Fijo mi mirada al cielo, contemplando los rayos del sol que forman bellas imágenes al entrar y esparcirse entre las barritas de madera en el techo. ¿Quién construyó todo esto, aquí, en medio de la nada?

Las palmeras bailan gustosas y sincronizadas, como si supieran que yo iba a llegar. Parece un ritual el que hacen.

Aparte, las chicharras cantan fuertemente, como si las acompañaran en el baile. Colgando del gazebo hay tres contenedores rojos que dan agua a los colibríes y en cada esquina hay macetas con helechos. Preciosas catarinas recorren esos penachos. Al lado derecho del gazebo se encuentra una farola y en ella está colgada una casita de madera para tres pajaritos. Curioso me resulta ver a un lado de la farola, una vieja carabina postrada pero derecha. Yo he visto esa carabina antes, oh sí.

Oh, oh, oh, oh, oigo ruidos, parece que alguien se acerca.

Se oyen pasos de hombre fuerte, seguro, y firme de convicciones. ¿Será él? Pienso que sí, pues diviso un tapete verde en el piso terracota que lleva al gazebo y grabado dice: FDO.

Viene solo, silbando bajito. No alcanzo a ver su cara, solo el robusto cuerpo de espalda, eso sí, pelo cano y pañuelo rojo atado al cuello. Camina despacio, como que le duele la rodilla o batalla un poco al dar paso. Han de ser los años que empiezan a minar energías, eso de vivir a salto de mata no ha de ser muy bueno a la larga. Me pregunto si yo le he venido a la mente alguna vez. ¿Se ha acordado de mí? ¿Le pasó por la mente de vez en cuando? ¿De casualidad me ha extrañado? Quiero salirle al paso y topármelo, preguntarle todo esto. ¡Sobre todo, vengo por ese conejo que un día le encargué y es fecha que no me ha traído! ¿Por qué? ¿Por qué siento mariposas de la emoción de verlo pero a la vez me da tristeza imaginar siquiera que no voy a escuchar lo que realmente deseo oír, un: «Hija: te quiero», «te extraño» o «¿cómo estás?»? Desearía escribirle cartas y que me conteste. Pero, pero ¿cómo, aquí, en la selva? Y, ¿por qué no?

Uau, eso de estar infiltrada en el hábitat de mi papá sin que él lo sepa me puede encantar. Estoy pensando la posibilidad de quedarme aquí un tiempo. Estoy recorriendo su espacio, su territorio, veo los aros y capas de los tallos de tanto árbol. Las marcas y siluetas del tiempo transcurrido en los tallos de las palmeras me invitan a pensar que él también tiene ese tipo de cicatrices.

Jalo una capa de la corteza endurecida y veo que unas se dejan, otras se resisten y no ceden. Hay manchas rojizas cafesosas, pero también hay pequeños brotes verdes alrededor del tronco y muchas más ramas endebles pero creciendo. Ahí van las hormigas arrieras en friega trabajando, cargando de todo. Este inmenso árbol sí que da vida, sostiene miles de criaturas y sigue oxigenándonos con su alma. Seguramente sus raíces están súper arraigadas, pues se ve que ha dado mucho fruto, generación tras generación.

Dios, eres tan generoso y tu originalidad al crear la naturaleza tan perfecta que me imagino este árbol que describo es mi propia familia.

Pero sigamos en el recorrido. Allá, a lo lejecitos, en lo alto de lo que parece ser una reja divisoria se encuentra una banca descarapelada pero bonita, es para dos personas. Es de color gris y tintes de color sangre seca. Quiero suponer que ahí se sienta él, pues hay una vista panorámica espectacular. Valió la pena subir hasta aquí para yo contemplar esto. ¡Oh! ¡Mira lo que hay aquí! Veo un orificio o pequeño pozo donde seguramente vive mi conejo. ¡Con razón! Por eso no me lo ha traído, pues nunca lo mató en esa cacería y lo conserva vivo. Donde esta él, ese amiguito blanco con gris y rechoncho lo acompaña, mi papá sabe que de una u otra forma que estoy ahí con él. Hasta rastros de comida orgánica, lechuga y granos, se ven a la entrada de esa pequeña madriguera. ¿Qué nombre le pusiste, papá?.

Para pasar inadvertida, creo me comportaré como los conejos, calladitos, silenciosos, atentos para escuchar con sus largas orejas y viendo todo, olfateando; eso sí, prestos para correr si se sienten amenazados, ja, ja, ja.

Aquí me estoy invitando a pasar este verano del 2019 para cachar el mundo de estos dos seres que se han escabullido de mi vida por tanto tiempo.

Ahora sí, creo es momento de iniciar aunque sea una relación epistolar con él, cuando sea el momento de regresar a mi realidad, le dejare su montón de cartitas atadas con un moño morado y con ramitas de lavanda a un lado. Así mi papá tendrá tiempo, todo el tiempo suficiente para que con tranquilidad le dé gusto de leer lo que su hija, Alfa, le quiere decir. Estoy segura de que le sacaré una sonrisa y tocaré su corazón.

Te ánimo a que así como yo, te pongas a escribirle a esa persona, no tienes que fantasear como lo hice yo, simplemente expresa tu sentir y plásmalo en el siguiente espacio. A mí me funcionó fantasear pues la imaginación me llevó a descubrir todo lo que le he querido decir.

Mis Relfexiones

....

....

....

....

....

....

....

....

....

....

....

....

....

....

....

....

CAPÍTULO 3

SIEMPRE PENSABA
QUE YO PODÍA TODO SOLA

LA JOVENCITA QUE ESTUDIA Y EMPRENDE

Y ahora, ¿cuál es mi destino? ¿Qué puerta abro? ¿Por dónde me voy? Así me cuestionaba e imaginaba que delante de mí habían tres puertas muy atractivas y al frente también estaban las llaves con las que podía acceder. Los siguientes letreros colgaban en cada una de ellas. Una dice AMIGOS, otra dice REBELDÍA y la contigua dice PROFESIÓN/CARRERA.

La etapa de la adolescencia te presenta esas opciones y muchas más, así que hay que tomar decisiones que repercutirán por el resto de tu vida. Muchas decisiones son desafiantes pues es cuando una trata de entender el presente viviendo con toda la adrenalina posible, y a la vez, se siente atraída por lo que nos depara el futuro.

La rebeldía que yo experimente no fue la típica de contestar a mis mayores y no hacerles caso, o bien la de hacer cosas prohibidas, ni la de querer pertenecer a algún grupo de amigos o buscarme una identidad parecida a mi cantante favorita.

No, mi manifestación fue callada, de un total silencio y muy aislada. Yo no expresaba las reacciones propias de una adolescente. El comportamiento de los adultos exacerbó mi mal genio. El darme cuenta cómo mentían, fingían y aparentaban me desilusionó por completo. Varios de mis parientes se cayeron del pedestal, como decimos los mexicanos. Esa imagen idealizada sobre mi padre también cayó cuando en mi mente yo lo culpaba de todo los que nos acarreó su abandono.

En mi temprana juventud irrumpieron la frustración, el coraje y la envidia; vivía en constante enojo, no veía quién me la hacía, sino quién me la pagaba; es decir, acumulaba todos estos sentimientos y arremetía con las personas que nada me habían dicho o hecho. Desde esa época fue que surgieron raíces de amargura en mi corazón y en mi mente se maquinaron todo tipo de pensamientos. La incredulidad y mi desconfianza hacia las personas me llevaron a tener distorsiones cognitivas que son ilógicas, rígidas, negativas, pocos precisas y también catastróficos. La desconfianza me inundaba y ponía en tela de juicio el amor de familiares y amigos; esto a la larga complicaría también mis relaciones personales, pues mi capacidad de confiar estaba dañada desde temprana edad.

Cuando la gente le hacía daño a mis seres queridos o cuando yo era víctima de una gran humillación, me resultaba fácil llenarme de rencor y con el instinto de venganza me sentía que tenía el derecho a devolver el daño recibido. Me la pasaba apuntando mentalmente lo que yo consideraba ataques de los demás, así en cualquier momento podía disponer de balas (mis pruebas) para revirar cuando fuera necesario.

Esas trampas de razonamiento, acompañadas de mi sed de represalia justificada provocó en mí a la larga un inmenso malestar emocional, física y espiritualmente.

Cuando entras a la adolescencia y ves color de rosa, crees que lo sabes todo y te quieres comer el mundo. A mí me pasaba todo lo contrario, veía todo color de negro, no sabía nada, pues hoy percibo que me sobreprotegieron y no pensaba en comerme el mundo ya que era terriblemente tímida y miedosa. ¡Qué esperanza de tener una pizquita de las jóvenes de hoy día como Malala o la activista ambiental Greta Thunberg!

Sé que las comparaciones son malas; pero creo que en mis tiempos y circunstancias me podría comparar con algunos de los rasgos que a ellas les caracterizan y que yo carecía.

Por ejemplo, viajar sola. ¿A ti te da miedo hacerlo? Quizá sea:

1. Porque extrañas a tu familia y entorno.
2. Porque necesitas que alguien vaya para sentirte acompañada.
3. Porque deseas que otra persona conozca y disfrute eso contigo y ellos no pueden ir por cualquier circunstancia.

Pues bien, yo me aventuré a viajar a un país extraño y con gente que no conocía, recién cumplidos mis quince años. Luego, a los diecisiete me embarqué a estudiar un idioma a otro país y pude acreditar la culminación de la preparatoria dentro de sus niveles académicos.

Corrí la aventura de tomar retos y riesgos a una temprana edad; tenía ansias de conocer diferentes culturas. Esto tuvo la consecuencia de aprender sobre todo de la diversidad en sus diferentes facetas y de adaptarse a las situaciones que conlleva el estar lejos del hogar.

Las experiencias del pasado, principalmente en los años mozos, te marcan haciéndote fuerte, incluso sin darte cuenta

Llegaron mis quince años y no quise fiesta. Nunca lo dije, pero, ¿con quién se suponía que bailaría el vals? Así que mi mamá me regaló un carro último modelo para transportarme a la preparatoria, y mi abuelo Margil me regaló un viaje al extranjero. Era el mero 8 de diciembre de 1980, y lo recuerdo bien pues fue el día que asesinaron a John Lennon y estaba en todos los titulares en el aeropuerto. Mi vuelo se canceló y aunque viajé con una familia, eran totalmente extraños para mí. Fue mi primera Navidad y Año Nuevo fuera de casa, sin mi madre y mis hermanos.

Al volver, me encontré con la novedad que mi mamá había adelantado la mudanza y ahora viviríamos al poniente de la ciudad. Con mucho esfuerzo y trabajo ella compró esa casa en Cumbres y ahí empecé otra nueva etapa de mi vida. De escuelas públicas pase a un colegio de gran renombre en donde me codeaba con los hijos de la crema y nata de la sociedad regiomontana.

Ahí fue cuando experimenté el amor a primera vista. Como siempre había estado en escuela de puras mujeres, la experiencia de salones mixtos era nueva para mí.

Era terriblemente tímida, callada y reservada. Todo me daba pena. Incluso podría parecer sangrona pero simplemente me aterraba hablar, por tanto no era ni amiguera. Mi vida era de la escuela a la casa y viceversa.

—Sal, Alfa, sal y diviértete —me decía mi mamá, pero yo no le obedecía.

EL GRAN PEQUEÑO PUEBLO

Al terminar la preparatoria participé en un programa de intercambio y me fui a vivir a Ripley, Mississippi, Estados Unidos. Fue una experiencia inolvidable haber convivido con una familia americana sus tradiciones y costumbres. El amor de mis hermanos y papás americanos perdura hasta hoy día. Roy Elder fue mi primer papá al que pude llamar como tal, pues por mucho tiempo yo me sentía media huérfana.

Con suma alegría hoy me doy cuenta que hasta en esa etapa de mi vida Dios estaba conmigo, pues mi estatus de hija *adoptiva* se dio en un hogar lleno de amor. Desde mi recibimiento en al aeropuerto, ansiosos a que yo llegara. Y qué decir de lo duro que fue separarnos cuando yo tuve que regresar a casa a continuar mis estudios superiores.

Con ellos aprendí a vivir entre campos de algodón y Magnolias. A ir de pesca en los grandes lagos alrededor, a disfrutar de los juegos de futbol americano y sus bandas marchantes y adquirir el gusto por la música country.

Mi familia anfitriona me adoptó como una hija más y me llevaron a recorrer 13 estados durante mis vacaciones de *spring break*. Ese pequeño pueblito me llenaba de felicidad, ahí aprendí a formar parte de las Girl Scouts y vender galletas, y hasta participé en un certamen de belleza que organizó la escuela.

Lo que más recuerdo eran las travesuras de mis hermanas pequeñas. Ir a cortar un pino en el bosque atrás de la casa y adornarlo con guirnaldas de palomitas y que mi mamá me enseñara sus recetas de repostería. Gracias a Bernice y Roy y a sus cuatros hijos aprendí a disfrutar de la naturaleza y a vivir en total armonía en familia.

En ese pequeño pueblo conocí lo que era el famoso *puppy love* de secundaria, pues tuve mi primer novio a los dieciséis años. Al dirigirme al casillero veía que se me quedaba viendo en el pasillo. Luego me lo topé en el supermercado y ocurrió lo mismo. Un buen día, llegó mi papa Elder y me preguntó si yo conocía a Stanley. Le dije que lo había visto en la escuela. Mi papá me dijo que él había ido a preguntarle que si podía invitarme a salir, y pues quería saber mi opinión. Él era la estrella del equipo de básquetbol y a mí me parecía increíble que se hubiera fijado en mí. Claro que acepté, eso del que te lleven a patinar, a ver restaurar un Chevy 56, a escucharlo tocar la armónica y sentarme en el columpio del porche de su abuelita, era lo máximo. Más si me había dado su anillo de graduación y su chamarra del equipo. Viví la experiencia del *prom night* y el que te regalen una orquídea de brazalete. El día de mi graduación fue lo máximo, mis papás se sentían orgullosos de mí.

Aquella jovencita de la gran ciudad ya dominaba el inglés y había aprendido a valorar muchas cosas sencillas que no conocía, o que sí las conocía, las pasaba de largo. Sinceramente, yo ya no quería regresar. Pero debía dar el examen de admisión para la universidad, así que volví a mi ciudad y ese tierno amor de película siguió por correspondencia por mucho tiempo hasta que el tiempo y la distancia hicieron lo suyo.

VIDA PROFESIONAL

En el 86 egresé flamante de la carrera de Hotelería y turismo y empecé a desempeñarme en la industria sin chimenea. Orgullosamente puedo decir que trabajé para importantes cadenas hoteleras y centrales de reservaciones internacionales.

Por azares del destino, una persona que ayudé en la organización de su convención me ofreció trabajo en el área de publicidad de su compañía, y acepté. En esa oferta fue que empecé a viajar por todo México. Unas de mis principales funciones como coordinadora de publicidad era trabajar directamente con la agencia en los planes de medios y todo lo relacionado con las convenciones y juntas distritales de los distribuidores a nivel nacional. La persona que me abrió las puertas en ese maravilloso mundo, gracias a Dios, continúa siendo mi amiga, una de mis más queridas y cercanas amigas.

Luego, mi mamá me invitó a trabajar con ella:

—Si me muero, ¿quién se va a encargar del negocio?

Por ese pretexto, por una temporada administré las sucursales en Monterrey. Mi mamá fue muy exitosa y su labor se extendió en varios estados de la república mexicana, como Coahuila, Durango, Chihuahua y Tamaulipas.

Mientras trabajaba en *Protexa*, conocí a un hombre que me llevaba veinte años y empecé a salir con él. Al recordar hoy esto, veo que se cumplió eso de andar buscando la figura paterna. Esa relación no funcionó y le regresé el anillo de compromiso que me había dado. Lo malo de esta relación fue que como era mucho mayor, mis amigas de esa época se sentían incómodas cuando él llegaba porque no podían bailar y divertirse como antes; así que aquí también viví el abandono de amigas por la culpa indirectamente provocada de un hombre en mi vida.

En el año 92, lamentablemente, falleció mi abuelo Margil. Ya con la ausencia de ambos abuelos, pues mi abuela Beatriz había partido hacía dos años, la familia se dispersó y cada quien tomó para su lado. La poca convivencia con la familia de mi padre se desmoronó por completo al faltar la matriarca del clan. Este fallecimiento del abuelo fue el parteaguas de que mi vida diera otro giro, yéndome a vivir a Baja California.

Arribar a la ciudad fronteriza más visitada del mundo constituyó todo un reto. Debía empezar de cero. Desde buscar quién me diera cartas de referencia para rentar un departamento y abrir una cuenta de banco, hasta llegar a empeñar las joyas que mi abuela me había regalado con tal de tener dinero para mandar hacer una impresión y empezar mi propio negocio de publicidad. ¡Si supiera!, pero al final sí saqué las joyas de la casa de empeño. Sólo fue para iniciar.

Resulta que llegué a Tijuana como contratista independiente para una compañía trasnacional de promoción y venta directa. Pero la oficina cerró a los seis meses de haber llegado y me dije: «Yo no regreso a Monterrey por nada del mundo; no como fracasada, eso no». Así que, entre pláticas con un amigo le comenté que quería lanzar una campaña promocional a una cadena de restaurantes muy famoso y en pleno auge en la ciudad. El solo se rió y me dijo:

—Alfa, ¿sabes cuándo te van a dar el OK? Nunca. Ellos no te necesitan, lo que les sobra son clientes, hacen filas larguísimas para entrar.

Eso me dejó marcada, fue como un pinchazo a un toro de lidia. Me dolió que me viera incapaz. Así que me puse manos a la obra.

Para empezar, los socios eran inasequibles. Lograr una cita fue tarea monumental, pero me gané a la secretaria, yo creo que por mi insistencia se compadeció de mí.

Una vez que les expuse mi plan de trabajo y de llevar

nueva clientela y aparte de mantener cautiva a la existente, les pareció bien. Fui sincera y les dije que no tenía para la impresión, pero Dios hizo el milagro y ellos mismos lo mandaron a imprimir y luego yo les iba pagando el costo semanalmente. El tiraje fue de miles de ejemplares y ahora me enfrentaría al reto de rentar oficina para reclutar personal, entrenarlos, dividir territorios y vivir de aquello que costaba 49.90 pesos en esos tiempos. Cuando busqué a la persona que me había dicho que yo no podría lograr tal contrato, solo hizo un gesto y se distanció, nunca más lo volví a ver.

El negocio prosperó, llevaba campañas simultáneas por toda la ciudad, e invité a mi hermana para que me apoyara montando una sucursal en Ensenada y se encargara de la coordinación de los viajes de ventas con los promotores a otras ciudades.

Fue tal el éxito, que uno de mis propios promotores se aventuró a hacerme competencia, llevándose incluso algunos de mis más fieles promotores. Pero hay para todos en la viña del Señor.

Así transcurrieron los años, llenos de logros y gran satisfacción al ver muchachos jóvenes que aprovechaban el tiempo haciendo promoción casa por casa, negocio por negocio, calle por calle para pagar sus estudios o solo en vacaciones. Eran chicos y chicas muy sanos y dispuestos a aprender y realizar también sus sueños.

Durante mi búsqueda de tesoros di con el portafolio de todos esos certificados. Siempre conservé la primera muestra que salía de la imprenta. Me llené de emoción al ver después de muchos años que tenía talento para redactar los contratos, que lidié con grandes negocios de franquicias internacionales, de parques de diversiones y restaurantes de lujo. Que me gané el respeto de mucha gente leal que me acompañó en esa aventura, pues hallé cartas y tarjetas de agradecimiento.

No, definitivamente no me siento nada orgullosa el confesar que así viví mi rebeldía hermética durante mi adolescencia y gran parte de mi vida, hasta hace cinco años atrás.

Indudablemente la herida emocional del abandono desde la infancia me llevó a tenerle miedo a la soledad y al rechazo, pero una vez que me resultó insoportable decidí tomar acción al respecto.

Esas heridas seguían abiertas, por lo tanto, me di a la tarea de sanar a como diera lugar y ¡por fin encontré esa sanación y restauración en mí cuando integré a Jesús en mi vida! Obtener la identidad de ser llamada hija de Dios detonó en mí una inmensa felicidad. Ahora sí había encontrado a mi padre, ¡ya tenía un Padre Celestial!

El cerrar heridas perdonando a los que consciente o inconscientemente nos infringieron algún daño ciertamente es un acto de madurez emocional, pero la libertad y paz al recibir o pedir perdón cuando eres una hija de Dios es de un valor inestimable.

Aquel desprecio, vergüenza y lástima hacia mí misma desapareció cuando Jesús perdonó mis pecados.

La mirada reflexiva aquí es que aprendí que mi forma de venganza de ahora en adelante sería no vengarme. Ya no apunto las que me deben. Ahora veo que mi salida consistía en ir hacia adentro de mi ser. Suena loco, ¿verdad?, pero así es. Con esto me refiero a que ahora que el Espíritu Santo habita en mí, es cuestión de acudir a Él, y listo. Él me enseña, consuela, asesora, revela, me alegra, aboga por mí, me llena de infinito amor y me recuerda todo.

Dios no me cambio el corazón duro que tenía, Él me dio totalmente uno nuevo. ¡Ese fue el primer milagro en mi vida! Las Santas Escrituras guardan miles de promesas, y Dios cumple lo que promete. Él siempre escuchó mi clamor de devolverme a mi papá. Han pasado 50 años desde que él desapareció de nuestras vidas. Dios, en su infinito amor, me acaba de realizar un milagro en plena pandemia del 2020. El milagro de que mi papá estuviera con sus hijos, ¡50 años después! Y no solo eso, sino ¡justo en el día de su cumpleaños!

Recibí el amor de Dios y con Su amor logré perdonar, ahora los sentimientos que tengo son de compasión, empatía, amor filial, puedo sentirlos y disfrutarlos porque hay sanidad en mi corazón. Esta sanidad no apareció en el momento del encuentro con Dios, realmente se dio el día que entendí que Dios es mi Padre Celestial y que con Él tengo todas las cosas buenas, agradables y perfectas, Él quiere que mi vida sea plena y abundante.

Dios hizo dos cosas importantes, primero, el encuentro validó mi decisión de perdonar y digo esto porque sentí que mi perdón provocó el crear un tiempo especial en familia. Empecé a orquestar una reunión, ya que estaría de visita en mi ciudad natal por unos días. Se me ocurrió invitar a mis hermanos (2 vivimos fuera) y para sorpresa todo se fue dando "orgánicamente" El apellido de mi madre es Puente, así que lo llevo en mi nombre completo. Y me dije, "si llevo el Puente en mis apellidos, ¿porque no hago uso de él?" Es decir, "tiendo puente" para conectarnos. En esta aventura me cuestioné, ¿Y si de casualidad mi papá está allá y coincidimos? ¿Y qué tal si tuviéramos la ocasión de festejar su cumpleaños?.

Si no hubiera perdonado, nunca me hubiera cuestionado esto, y mucho menos ser el "puente" para unirnos.

Pero Dios era el anfitrión de esa magnífica reunión, El en su infinita misericordia, ya tenía todo organizado y fue en SU tiempo perfecto que designó hacer el milagro.

De haber continuado con la actitud incorrecta en mi corazón, yo ni siquiera hubiera estado preparada para recibir dichosamente SU regalo. Me dije, ¿cuánto orgullo es sano? Y escuché el susurro diciéndome, "si caminas realmente en amor, no sigas frenando lo que Dios tiene preparado para ti, para tu vida."

Así es El, original y creativo para hacer las cosas. En el momento menos pensado, Dios me hizo un guiño al verme "lista" para un encuentro con mi pasado y con el que siempre estuvo ausente, pero aun así, continuaba presente: Mi papá.

En aquélla tarde, la armonía y respeto reinó, pudimos hacer un recorrido de los años y conocer un poco de los sentimientos de cada uno. El perdón fue el precursor y la clave fundamental para el desarrollo de la reunión. No hubo reclamos, reproches ó disputa alguna. Al contrario, se sentía un ambiente de paz y puedo decir que hasta complicidad acompañada de risas. Estábamos los cuatro departiendo con exquisitos platillos de la gastronomía regional, en un reconocido restaurante de Monterrey.

En esa tarde me emocioné al escuchar anécdotas de su juventud, de sus viajes, sus estudios. Lo que a él le tocó vivir con su familia, esas historias que yo nunca había escuchado. Pude conocer un cachito de su personalidad, era imposible captar todo a través de este viaje sentimental.

Y para que no se me olvidara, en cuanto llegué a casa hice un manuscrito con palabras y frases célebres que le escuché, de esta manera quería que se me tatuaran en mi alma. ¡Ahora sí tenía un incipiente archivo de memorias sobre mi padre al cual recurrir!

La segunda cosa importante que Dios hizo fue que restauró la comunicación con mi papá terrenal, fue como si Dios me hubiese regalado nuevamente un padre. ¡Dios me devolvió lo que yo creía irrecuperable! De hecho, la Biblia señala que Él se propone efectuar la restauración de todas las cosas (Hechos 3:21). Y me conforta ver que Él siendo fiel, ha cumplido precisamente esa promesa en mi vida.

Espero darles esperanza a otros padres que en un momento abandonaron a sus hijos y que piensan que es demasiado tarde. Ellos pueden pedirle a Dios en oración primero por perdón y luego por el perdón de sus hijos.

—Las cosas no salieron como se planeó y pues... —Así comenzó mi papá.—. «En realidad, nunca me he olvidado de ninguno de ustedes, ni de mis compañeros. A nosotros nos tocó vivir en una época triste de México, y no tiene que ver con los sentimientos personales...»

De esta plataforma de mujer validada por Dios te contaré el resto de mi historia, quiero que sepas que el amor de Jesús puede restaurar nuestras vidas en cualquier etapa que te encuentres, te hablaré de matrimonio, infidelidad y divorcio, pero lo haré para enseñarte que no cometas los mismos errores, también te mostraré lo que aprendí de mis estudios en las sagradas escrituras y la ciencia.

Gracias al poder restaurador de Dios, hoy disfruto de la reconciliación con mi padre. En mi caso sí fue posible y hoy gozo de los frutos de la concordia y su amistad.

Gracias a mi Padre celestial, que cumplió unos de los deseos de mi corazón desde niña y que como todo padre, se place en consentir a sus hijos. Soy su hija amada.

Haciendo el recorrido mental y emotivo de estos años, me siento orgullosa de haberme desempeñado realmente en la carrera que estudie. Tuve el valor de haber emprendido un negocio exitoso y supe rodearme de gente valiosa que me apoyo de corazón. Logré generar recursos de todo tipo y supe cómo administrarlos.

Descubre tu esencia de valía, independencia y emprendimiento a través de un viaje a tus experiencias cuando eras joven, principalmente de los quince a 30 años. Escribe aquí lo que encontraste sobre ti en esa etapa de tu vida:

_____

_____

_____

_____

_____

18,250 DÍAS NO SON NADA

No es demasiado tarde para empezar a conocer a tu papá terrenal como un padre común y corriente, dejando de lado sus múltiples compromisos y obligaciones.

Si él no se acerca, practica la humildad, búscalo. Sea un paseo por el parque, una llamada, a comprar un helado, ir almorzar o bien un correo electrónico, pero que no quede de tí. Hazle saber que lo amas, del acercamiento se encargará Dios.

Pregunta: ¿Ya has restaurado tu relación con tu padre?

_____

_____

_____

_____

_____

TUS HIJOS TE ESPERAN

Padres, nunca es demasiado tarde para ser padre, no importa el tiempo que haya transcurrido. Si tienen el poder de restaurar la relación con sus hijos, háganlo. Sé que ellos serán tan inmensamente felices, como yo lo soy ahora, de poder recuperar en algo el tiempo perdido. De lo contrario, sus hijos siempre se preguntarán por qué ya no los buscaron, por qué no les importó y por qué no se acuerdan de ellos. No permitan que continúe con ese dolor.

Mis Relfexiones

....

....

....

....

....

....

....

....

....

....

....

....

....

....

....

....

CAPÍTULO 4
LA MUJER CASADA
¿EL DÍA MÁS FELIZ DE MI VIDA?

Matrimonio y mortaja del cielo baja...

Yo nací en México y este es un dicho de la sabiduría popular. Muchas mujeres somos condicionadas por nuestra cultura, así que una crece escuchando que si no te casas a edad joven «eres una quedada», que «calladita te ves más bonita», «qué bueno que tuviste niña porque ellas sí son más tranquilitas», «las mujercitas sí cuidan a sus madres en su vejez, no como los hijos varones», etc.. Yo ya tenía 32 años y sentía que me estaba *quedando* pues la mayoría de mis amigas ya habían contraído matrimonio.

Cuando una niña nace en el seno de una familia de tradiciones arraigadas, ella va creciendo y escucha que los días más importantes en la vida de una mujer es el día de su boda y el día que da a luz.

El esperado príncipe, no azul, sino valiente, ese que deseaba casarse conmigo hizo su aparición y cuando hablamos de matrimonio por supuesto soñé que el día de mi boda sería algo sumamente especial.

Sí tuve una boda fastuosa, elegante, concurrida y muy felicitada, no lo puedo negar; pero ese mismo día mis ojos vieron todo desde otra perspectiva.

En cuanto a la maternidad, esa faceta nunca la tuve entre mis planes. Mi respeto a todas las que son madres, pero yo no pretendía formarme entre sus filas, hasta sentía pánico de estar cerca de mujeres embarazadas, ni asistía a los baby showers con tal de evitar ese miedo. Algunos podrán pensar que era una manera egoísta de vivir la vida, pero así la elegí en aquel momento. «Habemos mujeres que definitivamente no somos material para ser madres», era uno de esos pensamientos que yo misma me inculqué y agregaba: «Eso no debería marcarnos en la sociedad como mujeres incompletas».

Hoy entiendo que existen pensamientos muy arraigados acerca de la maternidad, y es importante reconocer que esos marcan la vida. Sin embargo, cuando llega la claridad por los valores cristianos adquiridos, te das cuenta de que puedes cambiar de opinión y ver que esos pensamientos al final te han estado limitando para realizarte plenamente como mujer.

En la actualidad, puedo resumir que sentía que no tenía otra opción y tenía miedo a ser mamá. Mi única opción posible era decidir no procrear.

El que sería mi esposo ya había sido padre en su primer matrimonio, así que eso lo consideré un plus para nuestra relación pues sabía que no me presionaría para formar una familia con hijos, ya que me había dicho muy claramente que no quería tener más hijos. Que desde los 25 años había determinado solo ser padre de dos y nada más.

Recuerdo que fui como la mamá de mis hermanitos en nuestra infancia, no que me pusieran a cuidarlos pero yo veía que mi mamá no podía con toda la responsabilidad tan grande de criar a sus tres hijos. Cuando quedamos solos, mi mamá me enseñó a quedarme callada cuando los peligros acechaban en nuestro entorno.

Viene a mi memoria una madrugada en que habían unos hombres gritando y golpeando el portón del pasillo de mi casa. Al oír tanto escándalo vi que mi mamá me hizo señas y en voz bajita me pidió que agarrara a mis hermanos y me los llevara a la recámara del fondo y que no hiciéramos ruido. A los cinco años de edad ¿que más podía hacer? Nos pusimos debajo de la cama y nos tapamos la boca. Eso fue en una ocasión. La segunda vez, mi hermana todavía era una bebé de cuna, y oírla llorar y yo no saber cómo callarla fue otro de mis retos, mientras mi mamá salía a dar la cara en el portón a averiguar ahora qué querían esos hombres.

Esos sujetos eran de la policía y por años nos estuvieron vigilando, en patrullas o vestidos de civil, y llegaban preguntando y queriendo inspeccionar la propiedad a ver si encontraban a mi papá. He de confesar que aun cuando iba creciendo, ir a poner el pesado travesaño de madera al portón todas las noches me daba mucho miedo, pero lo hacía, no había de otra.

Hoy hago la conjetura que no tenía otra opción ya que me había costado mucho mantenerlos en silencio, ya fuera debajo de la cama o en el clóset, ahí arrinconados, en la oscuridad, tapándolos con ropa para que no se vieran y no hicieran ruido. Fue mi manera de protegerlos, así que crecí jugando con muñecas y les ponía nombres, y decía:

—Cuando yo tenga una hija le voy a poner Bárbara.

Pero eso solo se quedó en la infancia, ya que vi lo pesado que era cargar con la responsabilidad. Así que me bloqueé y no quise ser mamá.

Se refugió en mi mente el miedo a la responsabilidad de sacar a un hijo adelante. Nunca me quise ver en esa opción.

En el viaje buscando mis tesoros, encontré una carta que

me escribió mi mamá y me la entregó el día de mi boda. En ella mencionaba las cosas hermosas que una madre desea para su hija en su nueva etapa de vida como mujer casada. Hacía mención que ella esperaba que justo este día especial fuera el más feliz de mi vida, pues de joven le había dicho que yo no supe que responder cuál había sido ese día feliz en mi vida.

Esa noche que la leí no recordaba que en algún momento hubiera dicho yo eso; pero al ver esa indicación como referencia me di cuenta que sí, si lo dije muchos años atrás. Y fue triste ver que en mí seguía habiendo un vacío, como que algo faltaba. Era un hueco que no lograba llenarse. El día de hoy, ese hueco ya no existe. Hoy está con la llenura de Jesús en mi corazón, en mi mente y en mi alma.

El hombre con el que compartiría mi vida me entregó un inmenso brillante engarzado en el anillo de compromiso cuando fue a pedir mi mano a Monterrey. En una recepción íntima y familiar, acompañada de música de trío, mi hermano y mi madre le dieron el sí y lo abrazaron dándole la bienvenida a nuestra familia.

Meses más tarde, mi madre viajó a San Diego para la ceremonia civil y comenzamos con los preparativos de la recepción de bodas en Monterrey. Era más fácil irnos para allá, a que vinieran familiares y amigos dispersos por toda la república hasta Tijuana. Así que todo lo organicé a distancia, por llamadas telefónicas y depósitos bancarios, para que mi mamá contratara todo lo necesario y a mi gusto.

Corría el verano del 98 cuando llegó ese gran día, de portar el vestido blanco de mis sueños, del vals de los novios, de que me entreguen al hombre de mi vida; así que elegí a mi tío Jaime para que me acompañara en ese momento trascendental. Después de la bendición en el altar y ante la presencia de familiares y amigos muy cercanos, mi tío me llevó orgulloso del brazo mientras las damitas de honor iban lanzando pétalos a nuestro paso.

En esa noche calurosa de junio y en el jardín de la Casa de la Loma, las estrellas en el firmamento y las luces centelleantes de la gran ciudad fulguraban en todo su esplendor. Fue un ágape total. Banda en vivo, mariachis, juegos, banquete y la felicidad no paraba, pues al día siguiente sería la tornaboda en una finca campestre. Mi corazón se llenó de gozo al ver a mi hermana americana que había venido expresamente a mi boda junto con otra amiga mía de la secundaria en Ripley. Amigos de ambos también habían viajado de otros lugares lejanos para acompañarnos. El viaje de luna de miel lo teníamos contemplado para un crucero por el Nilo y visitar Egipto; pero el plan se vio truncado por los atentados de bomba contra americanos que habían acontecido, así que decidimos irnos a Inglaterra y Francia.

LOS NUEVOS INTEGRANTES EN LA FAMILIA

Estamos ya en el 2006, cuando una tarde llegó Pepper a nuestras vidas. Recuerdo que mi esposo me la trajo de regalo y llegó emocionado esa tarde. Era una *Schnauzer* miniatura sal y pimienta, por eso decidimos llamarla así, pimienta en inglés. Pepper tuvo dos crías, en la primera acabábamos de vacacionar en Grecia, justo previo a las Olimpiadas que se llevaron a cabo ahí ese año. A todos los perritos que nacieron les pusimos nombres alusivos a esta justa olímpica y los tuvimos por una temporada, buscándoles hogares en donde sabíamos que iban a ser felices y bien cuidados.

Luego, en el otoño del 2008, Pepper se convirtió

nuevamente en mamá. Otra camada de seis perritos trajo alegría sin igual a nuestras vidas. Habíamos regresado de Egipto y a todos les pusimos nombres de faraones o reinas. Solo habían pasado unas semanas del alumbramiento cuando Pepper acompañó a mi esposo a hacer una entrega de un equipo y se subió al carro con él.

Esa tarde él no sabía cómo llegar a la casa, triste y apesadumbrado me dio la noticia de que se la habían robado. Me puse como loca y nos fuimos inmediato a recorrer calle por calle y casa por casa toda esa zona del centro de Tijuana. La familia de mi hermana también se avocó en su búsqueda, nuestra esperanza era oír sus ladridos al escuchar su silbido muy particular o mi voz que ella reconocía inmediato.

Lo último que una señora nos relató es que habían visto a un vagabundo pasar con ella y la llevaba cargando. Otros de un taller mecánico nos dijeron que habían visto a un vagabundo con una perrita fina y la llevaba con un cordón. Transcurrieron los días, yo iba y seguía pegando volantes en los postes de luz ofreciendo recompensa. Pasaban las semanas y Pepper nunca apareció, y nosotros continuábamos alimentando a todos los perritos con biberones. ¡Cómo sufrí!, su pérdida me marcó profundamente.

Y ahora, justo al escribir esto, se me salen las lágrimas de cocodrilo por todos esos momentos felices que ella y su pandilla nos compartieron; doy gracias a Dios por haberla puesto en nuestras vidas. Entiendo que para muchas personas es inconcebible el trato que otras tenemos con nuestras mascotas, pero para nosotros eran nuestros niños. Creo que las personas que nos escuchaban decir:

—Ya vámonos, los niños están solos.

Pensaban que en realidad nos referíamos a nuestros hijos.

El rechazo que se convirtió en amor

Cuando entregamos a la última perrita a su nuevo hogar, solo pasaron unas semanas, cuando mi esposo llegó con una nueva *Schnauzer* que tenía el pelaje completamente negro.

Yo no daba crédito a tal osadía de su parte. ¿Cómo era posible sustituir a Pepper? ¡Jamás! Era tal mi enojo, coraje, rabia contra él por su falta de sensibilidad. ¿Cómo podía yo aceptar a alguien en esa camita vacía? Que jugara con los juguetes de ella. Que usara su ropita y sus platos, su correa y casita. Me cerré, me bloqueé, no quise oír más y ni le hablaba, menos le ponía atención a ella, jamás me le acerqué ni la atendía.

Hasta que una noche, después de una semana, llegó y le dijo:

—Vámonos, bebita, tu mami no te quiere

Y como si la perrita le hubiera entendido, se vino inmediatamente a ponerse entre mis piernas y volteó a verme como los ojos que pone Gato en la película de Shrek, como si me dijera con su mirada tierna: «Dile que no es cierto, no me dejes ir».

Me derretí, la levanté y la puse entre mis brazos. A partir de ahí nos volvimos inseparables y fuimos inmensamente felices con ella y su descendencia, pues habríamos de criar luego a la hija y al nieto.

Nos volcamos en esas criaturas de cuatro patas, eran

nuestra alegría día a día. Nuestras mascotas no eran unos simples perritos, eran ejemplares dignos de show de exhibición y competencias en su raza. Así fue que Nuby empezó a andar en alfombras rojas por Tijuana, varios sitios de México y países de Centroamérica. Le contratamos un entrenador y su manejador se la llevaba de giras por largas temporadas. Llegó a ser campeona y eso nos daba inmensa satisfacción y orgullo.

Hasta que un día dije:

—Basta. Hay que sacarla de esa vida tan estricta de regímenes de alimentación y belleza.

Yo quería que fuera un perro normal, de esos que se vuelcan para que les rasques la pancita, que se olvidara del protocolo y obediencia ante jueces, checando su porte, dentadura, columna, patas y los pasos en su caminar. De alguna u otra forma quería que fuera libre. Por fin él acepto y la Nuby volvió a casa. La dejé ser, le consentía con snacks que a ella le gustaban y me la llevaba al parque como cualquier otro animalito. Ella se veía feliz y contenta. Las aventuras con Nuby fueron muchas y las guardo en mi corazón siempre.

LA INFIDELIDAD Y SUS ESTRAGOS

Como te podrás imaginar, en todo comienzo de recién casados la vida es dulce, bonita y romántica pues la ilusión de vivir con el amor de tu vida ahora ya es una realidad.

La vida color de rosa aproximadamente perduró tres años, ya que la relación de pareja va tomando otros matices, y nunca me expliqué por qué yo no fui suficiente puesto que él no simplemente volteó a ver a otra mujer, de hecho logró escaparse, supuestamente por motivos de trabajo a unas reservaciones indias y a otras ciudades dentro de California, para verse con ella.

Recuerdo la ocasión en que me pidió que fuera a su escritorio para buscarle un dato telefónico que ocupaba y había dejado ahí encima. Lo vi, y con teléfono en mano se lo proporcioné. Esa hojita estaba puesta encima de un estado de cuenta de banco y lo primero que se leía eran los cargos de hoteles en San Diego, y en la hoja de atrás venían más cargos en Santa Cruz, Fremont y Los Ángeles.

Fue un impacto tremendo para mí, pues ciertamente yo no había ido con él a tales sitios. Y para colmo, adjunto estaba también el estado de cuenta de su teléfono celular, así que ahí pude ver claramente las innumerables llamadas en sus diferentes horarios y duraciones, y solo con un número en particular.

Me callé, no dije absolutamente nada. Quería estar completamente segura de la infidelidad y no que era solo imaginación mía. No sé de dónde saqué esos tintes de detective y me dediqué a observar su comportamiento y movimientos. Me convertí en una espía y tuve que disimular esta faceta, yo me seguía haciendo como que no sabía nada. Lloraba día y noche y a escondidas, eso era lo peor. El dolor que fingía dizque para hacerme más fuerte fue a final de cuentas el doble de dolor.

Nunca le comenté a nadie, ni a mis mejores amigas y mucho menos a mi mamá, pues temía que le tomara coraje; y si yo me llegaba a arreglar con él, eso representaría una zanja en su relación, ella ya no lo vería con buenos ojos. Hasta de eso quería yo evitarle la pena a ambos, a uno para que su suegra lo siguiera queriendo y a otra para que no le faltara el respeto al yerno.

Estarás de acuerdo que en el amor no hay reglas exactas, al final de todo cada persona tiene la libertad de decidir lo que le resulte más conveniente y sobre todo en la determinación, por ejemplo, cuando una mujer casada decide perdonar la infidelidad de su esposo.

Tú y yo sabemos que ese acto de traición de parte de la persona que más quieres no es tan fácil de olvidar, aunque hayas decidido perdonar, esa sensación de la violación al voto que se expresaron dos personas que dicen amarse permanece por mucho tiempo.

Sin embargo, cada pareja tiene su historia, y para lo que algunas mujeres resulta imperdonable, para otras es algo común y no representa problema. Lo que hay que rescatar aquí y aunque la infidelidad no es tema de este libro, es que no importan los motivos o razones que llevan a perdonar la infidelidad, estos no deberían perjudicarnos como individuos ni atentar contra nuestra dignidad o integridad.

Yo opté por perdonar y continuar con mi matrimonio ya que ingenuamente pensaba que éramos la pareja perfecta en nuestro círculo de amistades y la verdad es que temía la crítica y señalamientos de los demás. Lo cierto es que lo seguía amando y después de muchas imploraciones de su parte, sí, como en una película, hasta de rodillas prometió que jamás ocurriría eso nuevamente.

Desde la perspectiva de la mujer que ha estado dedicando su corazón a engrandecerlo para conocer la sabiduría y a entender las locuras y desvaríos (como se hace referencia en Eclesiastés 1:17) te comento que acepté y decidí darnos una segunda oportunidad; después de todo, había visto en mi familia a hombres mujeriegos.

Recuerdo cuando me enteré de que mi abuelo tuvo siempre una amante y mi abuela nunca habló sobre eso ni lo descubrió. Aunque fueron más de 36 años de vida doble por su parte, por mi hermana supe que la propia abuela había dicho en su momento:

—Si yo no me quejo, los demás no tienen porqué decir nada.

No sé si realmente en ese momento perdoné a mi esposo, pero hoy sé que acepté la infidelidad como parte de la vida.

Decidí no pararme en su escritorio ni para sacudir el polvo, ya que temía encontrarme alguna otra sorpresa. Eso sí, siempre respeté su sitio de trabajo, su teléfono y correspondencia. Jamás se me hubiera ocurrido pedir contraseñas, como muchas mujeres hoy en día lo hacen con sus parejas. Tardé meses en recobrar la confianza en él, acudí a terapia con psicólogo por un buen tiempo y creo que tomé casi dos años en sentirme *funcional* de nuevo.

De hecho, ahora que lo pienso, justo en esta etapa fue cuando descubrí que aparte de los estragos de la infidelidad, estaba yo lidiando con un asunto muy incómodo.

Como yo era una mujer autosuficiente, el tema de las finanzas nunca se tocó. Él ganaba lo suyo y yo lo mío. Jamás se nos ocurrió abrir una cuenta mancomunada ni para gastos de la casa o para planes de viajes, seguros de vida, compra de terrenos o adquisición de una casa propia. A raíz de la infidelidad, me di cuenta de que yo era la que aportaba más económicamente al sustento del hogar. Ahí recriminé el hecho de que todo respecto al dinero para una vida en común estaba en el limbo. Igualmente, yo no expresaba nada, ni exigía, ni mucho menos demandaba, pero sentía que la falta de provisión de su parte no contribuía a mi sentido de protección que un hombre debe de proveer. Y decía:

—Ay, no importa, yo puedo sola. ¿Cómo voy a discutir este tema a estas alturas, si él sabe que trabajo?

He de admitir que los años siguientes después de este doloroso episodio, se generó un cambio tremendo para bien en los dos. Vaya que él se esforzó en portarse bien y fuimos saliendo del bache. En sí, él es una persona con corazón bondadoso, trabajador, disciplinado y muy inteligente.

Doy gracias a Dios por lo que aprendí en mi vida matrimonial. Reconozco que fui muy feliz, honro el amor que existió y todas las memorias bellas. Respeto al que fue mi compañero de vida por tantos años y restauro mi vida para llegar a ser esa ayuda idónea que todo hombre de Dios busca.

Mujer, ¿estás lista para dar la vuelta, para vivir lo que viene, lo que te tiene preparado Dios para ti?

Mis Relfexiones

....

....

....

....

....

....

....

....

....

....

....

....

....

....

....

....

....

....

....

....

....

Mis Relfexiones

....

....

....

....

....

....

....

....

....

....

....

....

....

....

....

....

CAPÍTULO 5
LA MUJER QUE SE PERDIÓ EN EL MATRIMONIO
EL SILENCIO DE LA SOLEDAD

Crisis: Pérdidas y ganancias

Cuando se está perdiendo, todo duele, veamos si es cierto que un fracaso es una bendición disfrazada. En el año 2008 de la tremenda recesión económica en los Estados Unidos, a nosotros también nos llegó. Cerró la planta de correo directo para la que yo trabajaba y me dije: «¿Y ahora?»

Después de laborar con ellos por doce años me veía yo en las filas de desempleo. Me sentía tan mal, yo tenía vergüenza de que mis amistades se enteraran, como si hubiera sido mi culpa, sentía mucha pena.

Me aterraba la idea de ir a formarme a las oficinas, pues la fila de la gente daba la vuelta a la cuadra. Cuando por fin tocó mi turno, vi que había varios volantes para estudiar y prepararse mejor para la nueva vida laboral. Disimuladamente agarré algunos folletos y me fui al carro a verlos con detenimiento.

Ahí fue que vi la oportunidad de matricularme y vaya que representó un reto, sobre todo por mi edad. Volver a la universidad y ahora rodeada de tanta gente joven y plataformas digitales, yo no sabía ni cómo hacer una presentación en Power Point, mucho menos llevar clases en línea. Sin embargo, fue alentador ir juntando los créditos de dos carreras simultáneas y con satisfacción pude graduarme de traductora intérprete legal.

La misma universidad abrió un programa de intercambio con el tribunal del condado de San Diego y fui la pionera, ya que muchas de mis compañeras no se atrevieron, pero yo sí. Por fin se me cumpliría el sueño de trabajar entre abogados, jueces y comisionados. Me ofrecí de voluntaria y por casi tres años estuve en la corte atendiendo a gente en sus diversos casos así mismo con los abogados probono para ciertas organizaciones que brindaban asilo a niños indocumentados que llegaban al país sin acompañantes.

A mediados del 2013 recibí una llamada avisándome que mi mamá se encontraba en el hospital pues había sido asaltada en su propio domicilio.

El ladrón le había amagado y dejado encerrada en el cuarto de baño de su recámara. Que una señora de su edad viviera tal acontecimiento no fue para menos: tuvo un infarto.

A raíz de ese triste suceso y siendo yo la hija mayor, acudí a apoyarla de inmediato.

Cuando la dieron de alta ella no quería ni entrar a la casa, así que me quedé con ella para que estuviera acompañada y a la vez yo podría hacer los arreglos necesarios de instalación de alarma y construcción de una barda más alta para que se sintiera segura. Fue un proceso difícil y largo para que ella se acostumbrara a sentirse bien, la llevé a terapia y pudimos ir solventando el terror con el que quedó marcada.

No me quede unos días, sino tres meses. No estaba trabajando para nadie, ahora era distribuidora independiente de unos multiniveles y llegué a tener una sólida organización de ventas bajo mi red. Pero como todo, y más en esa industria, descuidé el reclutamiento y fueron decayendo mis comisiones.

Mi esposo me traía ropa y a los niños para que los viera cada semana. En ese entonces también me inscribí a un entrenamiento de desarrollo personal aprovechando que me quedaba cerca de la casa, mientras mi mamá se seguía atendiendo con sus médicos.

En mi primera clase, en donde uno se presenta diciendo quién es y qué pretende obtener del curso, recuerdo muy bien que uno de los compañeros, sin yo conocerlo ni jamás haberlo visto me dijo:

—Tú destilas miedo, se percibe, aunque pretendes ser una mujer segura, se te puede ver el miedo a distancia.

Me quedé impresionada con ese comentario. ¿Yo de que tenía miedo? «Este está loco», pensé.

Conforme avanzaba el curso, me di cuenta de que, como persona, me sentía como una leche en un envase Tetrapak, de esas cuadradas pero que ya tienen la fecha de expiración por vencerse. Me dije «¿Cómo es posible que a mis 47 años me sienta así, tan bofa, tan hueca, sin propósito en la vida?»

Aunado a esto, ya en ninguna de las compañías que aplicaba, ni siquiera me llamaban para entrevista. De hecho, un reclutador me dijo:

—Quita esto y esto de tu currículo, pues estás sobre calificada y no te van a contratar.

Y así lo hice, con tal de conseguir un buen trabajo dentro de mi nueva carrera.

Hoy, al recordar esto, observo que yo misma permití

opacarme. El hecho de convenir a no saber nada era mejor, valía más hacerse la tonta para conseguir algo. Estaba ya tan cansada y decepcionada de no encontrar trabajo, que vi una manta donde solicitaban personal en un restaurante de comida rápida cerca de la casa. Y me dije: «Ay, si no me hablan de aquí, de plano que no la armas, Alfa».

Cuál sería mi sorpresa que me llamaron al siguiente día a entrevista y un muchacho joven fue el que me atendió. Al terminar la cita me dijo tuteándome:

—¿Puedes empezar mañana?

Yo feliz le dije que sí y ahí mismo aproveché para preguntarle por qué había decidido elegirme así de rápido. Me contestó:

—Por tu sonrisa. Necesito que estés en cajas, en servicio al cliente.

Recuerdo la ocasión en que mi mamá y mi hermana llegaron al restaurante y pude ver la cara de mi madre. Ciertamente vi su rostro desencajado al ver a su hija ahí, con un mandil negro, gafete, cachucha y tenis. Nunca le pregunté, pero puedo apostar, porque la conozco, que dijo:

—¿Cómo es posible que mi hija, la licenciada, la de la corte, y con todos sus estudios, esté aquí barriendo y entregando hamburguesas?

Yo solo lo veía como un trabajo digno, no tan bien pagado a como estaba acostumbrada, pues ganaba el mínimo, pero fue uno de los que más he disfrutado. Esos jóvenes que me veían como una más de su clan y me trataban como tal, me inyectaron entusiasmo y energía. De esta experiencia aprendí que Dios me puso ahí para trabajar en mi humildad y actitud de servicio, y vaya que lo logró.

Y VA DE NUEVO

Hay un dicho del filósofo griego Anaxágoras que dice: «Si me engañas una vez, tuya es la culpa; si me engañas dos, es mía».

Nuevamente, la infidelidad irrumpió en el matrimonio; pero en esta ocasión ya no se dio la oportunidad de luchar por el. Los acontecimientos que te contare son desde mi perspectiva y la manera en la que ellos me hicieron sentir, no necesariamente quiero decir que esa era la intención de en aquel entonces mi esposo.

No te voy a dar consejo matrimonial ni a sugerir que te divorcies, pero la intención de este libro es ayudarte en tu desarrollo personal.

Las relaciones claves en la vida de una mujer, como el esposo y el padre, pueden marcar de manera positiva o negativa el futuro de la persona. Ahora verás cómo influye la poca, o mejor dicho, inexistente unidad en el matrimonio.

En mi caso, yo escuchaba palabras taladrantes muy frecuentemente, de esas que van formando huecos en tu corazón, tales como: «si engordas, te dejo», «tienes llantas de bici de ruta, pero llantas al fin», «ahora sigue esta dieta». Me imponían dietas y más dietas, aparte de las indirectas en miradas desaprobando mi forma de comer, en cómo me daban regalos de suscripción a gimnasios o de ropa deportiva, suscripciones a revistas de nutrición, aparatos de ejercicio y compras de planes para adelgazar en videos y en línea. Eso de que transfieran su propia inseguridad en una, ya no pude más. Llegó el momento en que yo no podía tomar mis propias decisiones. Además de esto, yo sufría del abandono con el esposo al lado. No estaba incluida en ninguna de sus actividades deportivas o sociales.

¿Sabes qué son las frases lapidarias? Yo no sabía, así que averigüé, y se trata de frases contundentes y directas, en pocas palabras condensan lecciones o mensajes tan potentes que no necesitan más aclaraciones.

«La pasión por destruir es, a veces, una pasión constructiva.» Cuando leí esta frase reflexioné que el acto de destruir puede iniciar un cambio o abrir las puertas a la innovación. Esto me hizo pensar en aquella tarde en la banca del parque donde se inició un romance pero que ahora se estaba desmoronando.

La frase que recibí de mi esposo fue como si se tratara de un epitafio para mi lápida:

—Tú no eres nadie ni vales nada sin mí.

Mis oídos no daban crédito. El hombre con el que compartí casi la mitad de mi vida no solo me dijo eso, sino que también añadió que mi trabajo y mi estatus migratorio había sido gracias a él. Incluso llegó a decir que si no firmaba el divorcio, yo lo tendría que mantener porque ganaba más, o bien me quitaría la ciudadanía americana. Esas frases fueron como un taladro perforando mi alma.

El miedo en conjunto con la ignorancia es una mala combinación. Firmé. Después me daría cuenta que eso de que me podía despojar de la ciudadanía no era factible. Por más que le daba vueltas a esas frases me decía: «Pero si yo pasé el examen, yo pagué hasta las huellas, mi trabajo lo conseguí gracias a los diplomados que obtuve y estoy calificada».

Pero aun así, la inutilidad hizo su aparición en mis pensamientos y me decía que ahora era inservible y que nada bueno había en mí. Que era nula, que era improductiva, que de plano mi vida era infructuosa. Todos esos argumentos iban haciendo su nido en mi mente. Hoy por hoy puedo ver cómo el enemigo sembró todos esos conceptos para destruirme y robar mis sueños.

En mi caso, el periodo de espera a que el juez emita la disolución, fue quizás el más difícil del proceso del divorcio. Aparte de que no aceptaba mi nueva realidad, estaba intentando adaptarme a nuevas circunstancias y me encontraba sola en otro país, me resultó muy difícil escuchar a familiares inmediatos y amigas cercanas decirme frases como: «Échale ganas», «tú puedes esto y más», «el tiempo lo cura todo», «llegará el día en que hasta te vas a reír de todo esto»; y yo solo prestaba oídos a esos consuelos ambiguos.

«Échale ganas», ¿qué se suponía que significaba? Según el diccionario, la gana es el deseo o voluntad de hacer una cosa o de que suceda una cosa. Este es un dicho muy común en la cultura mexicana y aplicable en todo tipo de situaciones. Yo me preguntaba: «¿A qué le echo ganas?, ¿a seguir llorando?, ¿a seguir rumiando los pensamientos? ¿A seguir buscando el culpable del fracaso del matrimonio? ¿A salir por despecho con cualquiera? ¿A buscar citas a ciegas por internet? ¿A seguir recluida y no querer ver a nadie? ¿A no contestar llamadas porque seguirán machacando en el tema?»

Entiendo que lo hacen con la mejor intención, pero a la persona que está pasando por la prueba le es sumamente abrumador recibir este tipo de comentarios.

«¿Cuándo se me va a quitar esta tristeza? ¿Cuándo se quita la depresión? Yo ocupo ya, ahorita, salir de esto», eso se repetía en mi mente como un hámster pedaleando rápidamente. No comía pues no tenía apetito y empecé a adelgazar como nunca antes. De repente me asaltaban las lágrimas en todos lados, lloraba en el carro, en los pasillos del supermercado, en las tiendas, al caminar por los parques, en la salita de la oficina y en mi casa, en mi recámara, frente al espejo…

Batallaba para conciliar el sueño, me levantaba con ojeras, y luego solo deseaba que se acabara el día para dormir y no pensar más. Los días me parecían interminables. No llegué al extremo de infringirme daño a mí misma, pero sí tenía a la mano una línea 800 para llamar. Las tentaciones y obstáculos que ponía el enemigo estaban al acecho constante. Yo solo quería ser escuchada, pero no sabía con quién o cómo pedir ayuda.

Paradójicamente, no quería que se supiera estaba en trámite de divorcio. Como quiera más tarde la gente se iba a enterar, incluso pensaba que varias amistades tomarían partido por alguno de los dos. Yo todo lo consideraba como una falla personal. Sentía que me estaba volviendo loca.

Un día, de plano ya no aguanté y le hablé a un amigo psicólogo para que me recibiera, pero en mi interior sentía la necesidad de que fuera alguien neutro, que no me conociera. Me escuchó y me refirió a una amiga suya. Resultó ser tanatóloga y por varias horas me escuchó. Cuando me dijo que yo estaba pasando por un duelo, no entendí. Pensé que eso era solo cuando alguien moría, pero me explicó el tema.

Al cabo de esa tarde, salí más reconfortada y partí hacia mi casa, aunque confundida porque ella me dijo al final:

—Deséale amor.

¿Cómo era posible que me dijera eso? ¿Qué no había escuchado todo lo malo por lo que yo atravesaba? Yo no había ido a que me dijeran que mi solución a mi problema era desear amor a otros, menos a los que me habían hecho daño. Otra cosa que no entendí es por qué no me cobró un solo centavo. Esta mujer, con todo el amor y la paciencia del mundo, me escuchó toda una tarde, me contó algo de su vida y vi que mi situación para nada se comparaba con lo complicado que ella había atravesado.

Pasaba el tiempo y yo no lograba comprender qué había malo en mí, ya que los dos hombres más importantes de mi vida hasta el momento habían decidido abandonarme. Primero fue mi padre por sus convicciones ideológicas y el segundo fue mi esposo, que me dejó por otra mujer.

En esta etapa aprendí que de todas las pérdidas, siempre obtuve una ganancia. En los tres ejemplos citados anteriormente cuando perdí mi empleo, obtuve la oportunidad de cursar una nueva carrera y realizarme en la nueva profesión.

Cuando sucedió la tragedia familiar, pudimos solventar ese trauma y a la par fui capaz de despertar a la conciencia. Y por último, en la infidelidad y disolución del matrimonio, también logré sobrevivir escuchando y siguiendo el consejo de mentores y profesionales de la salud.

Con el corazón abierto te he expresado hasta el momento las altas y bajas por las que pasé en el matrimonio. Y desde la experiencia vivida como una mujer inmersa en victimismo, es que te mostraré cómo fue que salí de ese pantano.

Mis Relfexiones

....

....

....

....

....

....

....

....

....

....

....

....

....

....

....

....

....

CAPÍTULO 6
LA MUJER QUE ENCONTRÓ A DIOS
TE EXTINGUES O TE DISTINGUES

Estaba totalmente perdida

Cuando sentí el agua al cuello, ahí sí pregunté: ¿Qué hago? ¿Dónde está Dios? ¿Por qué permite esto? ¿Por qué me está pasando esto a mí?

Me repetía: «Yo no soy mala persona, ¿por qué me castiga así?». Ah, ni siquiera sabía quién era Él pero cometí la osadía de culparle. Paradójicamente, algo me decía que necesitaba de Dios pues intuía que el podría pegar mi descompuesta vida.

Hoy, como hija de Dios, veo que hubiera sido mejor estar clamando y no reclamando. Yo solo veía mi pérdida y mis sueños rotos. De estar en mi posición de víctima, hoy soy victoriosa.

Pero antes de continuar, permíteme contarte un relato:

Había una vez una niña que recibió las aguas bautismales a los 40 días de nacida solo porque su abuela paterna se empeñó en su bautizo porque se trataba de su primera nieta. Así que el evento tomó lugar después de la boda de la tía de la recién nacida.

Los años pasaron y aquella niña solo acompañaba a su abuelita a la iglesia ya fuera porque alguien se casaba o se acababa de morir. La familia de la niña ni siquiera se definían como católicos no practicantes. En aquella casa jamás hubo una Biblia y mucho menos se hablaba de Dios, ni para bien ni para mal. Ningún credo o religión, nula vida espiritual por ambos lados de la familia.

De adolescente no quiso fiesta de quinceañera, por lo tanto no hubo necesidad de misa. Tampoco cuando ya adulta para su boda, pues para el que sería su esposo representaba sus segundas nupcias. Así que no, nunca fue temerosa de Dios, y cómo iba a serlo si nunca escuchó algo sobre Él.

Cuando su matrimonio se vino abajo, ella entró en crisis y una de las feas, de las más aplastantes, la provocada por el divorcio. ¿Adivinas de quién se trata? Correcto, era yo.

DEL ADN ESPIRITUAL AL ADN BIOLÓGICO

Un día acudí a una reunión de oración y al término vi que salían muchas personas hacia unos salones anexos. Ese detalle me causó curiosidad. El siguiente martes ocurrió lo mismo. Hasta que me atreví a parar a una mujer y le pregunté:

—Oye, ¿a dónde van tan de prisa y que hacen después de aquí?

—Ah, esta es nuestra clase de oración y luego nos vamos a CER —me contestó.

—¿Y qué es CER? —pregunté.

Ella me respondió que se trataba del Centro de Entrenamiento la Roca, un discipulado de liderazgo, y me orientó con quién ir si es que me interesaba.

Eran dos módulos. El primer módulo constaba de siete niveles de tres meses cada uno.

Cuando fui a preguntar por información tuve un obstáculo pues me dijeron que no podía ingresar a CER si no había tenido un encuentro previamente, así que debía esperar. Cuál sería mi sorpresa que justo ese fin de semana se llevaría a cabo el encuentro de mujeres; pero era desde el viernes y yo trabajaba los fines de semana. Mi deseo fue tal que hablé con mi supervisora y busqué quien me reemplazara; hice todo lo que estaba en mis manos para poder asistir. No encontraba quién me cubriera hasta que por fin, una compañera —quien nunca me imaginé que me fuera a echar una mano— me ayudó. Y llegó ese fin de semana tan esperado.

No pretendo dar detalles de lo que sucedió pues no deseo robarte esa maravillosa experiencia. Si es que nunca has participado en un encuentro, te invito a que lo hagas. En mi caso, fue un parteaguas en mi vida. Algo trascendental y único.

Pero sí te voy a contar del momento que ahora sí puedo gritar a los cuatro vientos pues fue el día más importante en mi vida.

Esa tarde del 13 de mayo del 2016, ¡tuve la dicha de conocer a mi Padre Celestial! ¡Sí, por fin encontré al amor de mi vida!

Con un corazón dispuesto me presenté a Él para que me sanara y restaurara mi alma y pensamiento. Necesitaba que arreglara lo que yo consideraba mi propia descompostura. Iba expectante a esa cita, algo titubeante pero muy emocionada.

Cuando llegué, me sentí como el hijo pródigo que volvía a su casa, allí estaba Él, recibiéndome con los brazos abiertos. Sentí su abrazo cálido y fuerte, su ternura me estremeció. Su beso en mi frente y sus manos tocándome el rostro me derritieron y rompí en llanto. Envisioné algo que parecía tan real, que incluso pude sentir que Dios me quitaba las lágrimas y acariciando mi cabello me dijo, "Alfa, siempre he estado aquí, esperándote. Te amo tanto, soy muy feliz de ser tu padre."

Esa noche no pude dormir, fue demasiado mi júbilo. Un gozo indescriptible que me hacía sentir ligera, limpia y extremadamente querida.

Todos mis compañeros de oficina al siguiente día me decían que me veía radiante, que se me notaba algo diferente. Bien dice el rey Salomón que «el corazón alegre hermosea el rostro», y así estaba mi corazón: palpitante, fuerte, vivo, alegre, inyectando vida y sumamente feliz al descubrir que ya no moraba la frialdad en él.

A partir de ese encuentro con Dios, mi vida cambió radicalmente para bien. Recibí a Jesús en mi corazón y me enamoré de Él, de Su Palabra, Su justicia y Sus promesas. Estoy aprendiendo a comunicarme con Dios, a ser receptiva a su voz; y deseo con toda mi alma que cumpla su propósito en mi vida.

Hoy por hoy, estoy soltera, mas no sola. Al contrario, vivo feliz porque tengo a Dios y Él me llena, es mi brújula, mi protector, mi eje principal; y viviendo en Su presencia todo, absolutamente todo es bueno. He aprendido a perdonar, a servir a los demás, a ver la vida desde su perspectiva; y conforme voy creciendo en el andar con Jesús, el Espíritu Santo va transformando mi vida con sus frutos.

Dios me ama tanto que no pegó mi corazón, sino que me puso uno nuevo y ahora soy una nueva Alfa. Esa Alfa que encontró su Omega justo en Dios.

No niego que tengo dificultades en el día a día, pero ahora cuento con esa paz que tanto anhelaba y solo proviene de esa fuente que es Él.

Personas van y vienen en nuestra vida, incluso quienes más amas eligen irse; pero Dios no, Él se mantiene contigo, Él es fiel.

No estoy nunca sola, ahora lo sé. Él está conmigo siempre. Él me reconoce como su hija y está claramente expreso en la segunda carta a los Corintios 6:18: «Yo seré un padre para ustedes, y ustedes serán mis hijos y mis hijas, dice el Señor Todopoderoso.»

Ahora estoy segura de que poseo su ADN espiritual.

Y hablando de material genético, esto me hace revivir el momento en que me encontré con mi padre terrenal.

En la tarde del 17 de marzo del 2020, también llegué expectante a la reunión. Los grandes arcos a la entrada del restaurant servían de marco para una entrada triunfal. Fui la primera en llegar. Se abrió la puerta y ahí estaba él junto a mis hermanos. Me levanté de la mesa y acudí a su encuentro. Me estrechó con un fuerte abrazo y mi corazón latía. Bum, bum, bum, bum.

El gran salón lucía vacío por la naciente llamada contingencia, así que todo el lugar era nuestro y para nuestro deleite recibimos trato de reyes. Ambiente perfecto para la celebración. Las ricas entradas hicieron su aparición junto con las bebidas para brindar. Cortes finos de carnes asadas y cabrito, platillo emblemático de Monterrey, fueron la delicia de los comensales.

Durante el trayecto al restaurante se me ocurrió que podría hacerle unas preguntas pero en forma de dinámica. Así que como pude me puse a cortar un papel en tiritas.

Ya llegada la hora del postre, me ausenté por unos minutos al tocador y escribí en los papelitos lo que me interesaba saber. Eran frases que él debería completar, lo primero que se le viniera a la mente. Procuré que cada una de las oraciones fueran guardadas como algo significativo para cada uno de los presentes. Y así, fue. Cuando tocó que abriera el papelito en donde solo estaba escrito una fecha, mis ojos se pusieron cristalinos cuando él me tomó la mano y dijo en tono juguetón:

—Juro decir la verdad, solo la verdad y nada más que la verdad.

Lo que se refería en el papelito era mi fecha de cumpleaños. Con gran detalle fue describiendo lo que ocurrió ese día y cómo lo vivió, paso a paso. ¡Me conmovió en sobremanera saber que mi papá tuviera tan presente el día que nací!

Otro momento importante fue cuando le pregunté qué pensaba él de su padre, a lo cual el respondió que fue un hombre ejemplar, pero más que nada había sido su compañero. Que mi abuelo comprendió que las cosas no habían pasado como mi padre lo había planeado.

Resulta interesante ver la opinión que nos merecen nuestros padres, ¿verdad? Debo agregar con gran emoción que vi de reojo cómo fue que tomó esos papelitos y los guardó en el bolsillo de su camisa, con manos temblorosas, como si fueran oro molido se los llevó.

Las horas transcurrieron y la charla prevalecía. Pero

todo concluye tarde que temprano y nos despedimos afectuosamente. Creo que mi necesidad de ser vista, aprobada y sobretodo aceptada por mi padre terrenal se dio en este encuentro.

Reflexionando sobre mis encuentros, tanto con mi Padre Celestial como con mi padre terrenal, puedo inferir varias similitudes:

1. Yo hice todo por ir, solo era cuestión de dar el primer paso.
2. Cara a cara nos vimos, y ambos me abrazaron entrañablemente.
3. Ahora disfruto de una relación con ellos.

Doy gracias a Dios porque incluso antes que yo entendiera que era su hija, Él ya me amaba y me esperaba.

Desde la posición que ahora gozo como hija de Dios, ahora te mostraré lo conveniente de entregarle tus miedos e inseguridades para encontrarte a ti mismo. Sígueme, verás la libertad que conseguirás.

Mis Relfexiones

....

....

....

....

....

....

....

....

....

....

....

....

....

....

....

....

CAPÍTULO 7

LA MUJER QUE SE ENCONTRÓ CONSIGO MISMA

¿CÓMO LE HACEN PARA SER FELICES? QUIERO SER COMO ELLAS

Conforme seguían los días, una compañera de trabajo se acercó a mí durante un receso y me dijo:

—Alfa, ¿sabes que tienes un Papá Celestial y que te ama? Me dijo que te dé un abrazo. —Así que se acercó y me lo dio.

No supe qué decir, me quede atónita. No comprendí cómo se dio esto y mucho menos el mensaje, pero he de confesar que en ese instante, ese abrazo produjo un gran alivio y confort. Me sentí muy conmovida.

También agregó:

—En la iglesia La roca hay varios servicios durante los domingos y tienen diversas ubicaciones. Ve, te va a servir mucho.

Repito, yo no entendí nada, ya en mi casa me puse a meditar qué era realmente lo que había pasado. Pues bien, llegó el domingo y asistí a la sesión de las 5 pm pues creí que iba haber menos gente, pero el lugar estaba llenísimo; y aunque había lugares adelante, decidí irme al final y al rincón.

Estuve escuchando atentamente pues quería ver de qué se trataba esa invitación. Al oír las palabras del pastor que predicaba era como si todo iba dirigido a mí, me dije: «Pues este señor me conoce ¿o qué? ¿Cómo sabe?, ¿quién le ha dicho?»

Seguí acudiendo, me interesaba ir pues de una manera inexplicable me sentía en paz y hasta sonreía. Se me hacía poquito la hora que duraba y ya era tiempo de regresar a la casa.

Otra compañera de trabajo me dejó una tarjeta tamaño postal en mi escritorio sin decirme nada. Luego cuando vio que la recogí, me invitó a que fuera a un cafecito. «¿Qué puedo perder?», me dije.

Así que acudí al café-conferencia de mujeres; y desde la bienvenida vi a toda aquella bola de mujeres reunidas contentas, serviciales, guapas, y fue cuando me pregunté: «¿Por qué están tan felices todas? ¿Cómo le hacen?»

Me trataban como si me conocieran de siempre, y hasta me llamaban por mi nombre, y eso que era la primera vez que iba. Luego de oír varios testimonios, sus vidas no eran como para estar tan radiantes. Simplemente yo no captaba cómo aquello era posible. En ese preciso momento me puse a ver que tanto la tanatóloga, la que me dio el abrazo que me cayó de perlas, la conferencista principal del congreso y la psicóloga tenían un común denominador: Tenían una gracia especial, eran cristianas. En ese momento lo descubrí. Así que me dije: «Algo bueno ha de haber en eso de ser cristiano, voy a checar de qué se trata».

Al mismo tiempo, empecé a buscar ayuda médica, pues físicamente me sentía terrible, siempre cansada y adolorida. ¿Quizá era anemia? ¿Cambios hormonales? ¿Falta de vitaminas? A la fuerza quería encontrar qué tenía mal en mi cuerpo; pero gracias a Dios que todo salió bien. Luego me fui por el lado psicológico, también de acompañamiento tanatológico; intentaba todo con tal de sentirme mejor.

Me di cuenta de que reaccionaba con resentimiento y culpas, por lo que a veces estallaba y me sentía mal. También descubrí de que había sido usada como tapadera para ocultar los errores para mi imagen y la de mi familia. Asimismo, era propensa a desistir fácilmente, sobretodo en mantenerme en forma y comer sano.

Reconozco que soy mi peor juez, me critico mucho pues soy muy perfeccionista y aparte peco de impaciencia. Sin embargo, he aprendido que no debo compararme con nadie y aunque quiero mejorar en muchas cosas al mismo tiempo, eso tampoco es bueno. Me tengo que enfocar en algo en específico, paso a paso. Debo recordar que soy una obra maestra de Dios en progreso.

Así fue que acudí a talleres de sexología, de constelaciones familiares, a masajes anti estrés, a curso de yoga, curso de cocina vegetariana, me inscribí a un estudio de mujeres latinas que condujo UCSD en La Jolla Ca, llamado Seamos activas; también fui a charlas gratis del Instituto de la Mujer donde abordaban temas de diversa índole, y luego me uní a grupos de mujeres denominados Entre Amigas, Mujer fascinante, Amigas punto com, Mujer Contra-Cultura,Fundación Déjame ayudarte, Mano a mano foundation y Mujeres de Alcance.

Varios de estos grupos se anunciaban en el internet o en la televisión local con diversas actividades y horarios, y lo más fabuloso es que eran gratis o a un costo de recuperación muy accesibles. Hubo un congreso de miles de mujeres durante varios días en donde las ponentes ofrecían variedad de temas y por los pasillos habían stands de ayuda legal, de belleza y bienestar, de servicios para el hogar, de educación, etc.

LAS PIEDRITAS EN MI CAMINO

Conjuntamente al discipulado, descubrí los diferentes ministerios y quise involucrarme en el servicio, pues escuché en una prédica que «el que no sirve, no sirve».

Un domingo me dije que iba a servir en donde se me necesitara, no donde yo quisiera o se me hiciera más fácil por mis horarios. Así que me dirigí a la mesa de información y pregunté en dónde podía ayudar. Me dijeron que en Piedritas.

¿Qué? ¿Quééé? ¡Oh, no! Era el área del cunero y pequeños hasta la edad de cuatro años. Ahí se cuidan a los niños mientras los padres acuden al servicio en el auditorio principal.

Mis piernas temblaban al dirigirme ahí, estaba muy nerviosa. Lo primero que me pidieron es que me pusiera el mandil y me explicaron lo que tenía que hacer. La avalancha de padres dejando a los niños se dejó venir y a mí me tocó estar en la puerta para recibir y dar los tarjetones con los que los recogerían.

Cuando me pasaron al primer bebé no hubo problema pues venía dormidito. Uno tras otro llegaban. El segundo niño no quería pasar, se pegaba a la pierna del papá y se veía súper tímido, hasta que el papá se desesperó y lo obligó a entrar. El niño se sentó en el silloncito de lo que simulaba ser una salita de casa dentro del salón de juegos. La tercera que recibí fue una niña que su mamá me pasó directo a mis brazos pues la traía cargada. Se llamaba Carolina. Y así sucesivamente entraron dos pares de hermanas gemelas y demás niños. Había dado tarjetones por 27 niños. ¡Imagínate cómo me sentía! Yo que era una anti niños ¡ahora estaba rodeada de ellos!

Empezaron a llorar los bebés, los hombrecitos se peleaban por el dinosaurio gigante que caminaba, las niñas se quitaban los trastecitos de la cocinita. Otros en la pista de carreras gritaban y no faltaba que discutieran trayendo sus manos llenas de carritos. La casita en donde se metían las niñas estaba llena y no se diga del área de brincar con hulas. Otros cantaban en la siguiente sección mientras hacían manualidades. ¡Para mí todo aquello era un caos!

El niño tímido seguía sentadito y me acerqué. Ni siquiera me quería decir su nombre, no jugaba con nadie, ni tampoco se entretenía por su cuenta con legos.

Ahí el reloj se detuvo, la lentitud de los segundos era hecha adrede, el minutero no avanzaba, se me hacía interminable que la hora concluyera. Apenas llevaba unos cuantos minutos, cuando algo olía feo... llegó el momento de hacer un cambio de pañal.

¡Oh no!, ¿por qué esto a mí? Lo bueno es que me dijeron que a nosotras no se nos estaba permitido cambiarlos, debíamos llamar a los papás por mensaje de texto o requerir su presencia por medio del número en el tarjetón a través de la pantalla en el auditorio.

La mamá se tardaba y el aroma seguía ahora más fuerte. «¿Cómo es posible que aquel bebé bonito y apacible permee así el ambiente?», me preguntaba.

Me gustó el segmento en que los niños cantaban a Dios y los gestos que hacían con sus manitas. Llegó el momento de repartirles snacks y alistar sus bolsitas con la manualidad que habían hecho. Por fin llegaron por ellos. Uno a uno desfilaron a la puerta de salida y se fueron contentos, hasta me decían adiós. Menos Carolina y el niño callado que no supe su nombre. Él seguía recluido en el sillón. Carolina parecía mi sombra, no se me despegaba, aunque no hablaba nada; con sus ojos grandes y sus bracitos levantados me hacía una señal para que la cargara, y lo hice. Me sorprendí porque solo quería que la cargara para darme un beso; en cuanto la subí y sostuve en mi cadera, ¡ella se acercó a mi mejilla y me plantó un beso!

Llegué exhausta a casa. Pues no solo era de que se fueran, habría que recoger todo, barrer, acomodar y tirar cualquier basura y dejarlo en perfecto orden y limpieza para el siguiente bloque de niños que llegarían al siguiente servicio. Papelitos por doquier, restos de galletas en la alfombra, juegos fuera de su sección, acomodar cuentos en el librero, guardar legos en los cajones gigantes de colores, etc. Fue agotador, nunca había trabajado tanto en un par de horas y habría de proseguir a comer algo rápido pues entraba a trabajar a las 3 pm los domingos.

Pero lejos de arrepentirme por la experiencia, volví, pues ese beso de Carolina habló a mi corazón y me propuse hacerme amiga de ese niñito que me hizo recordar que así era yo, solo sentada viendo a todos los demás jugar.

Transcurrían las semanas y de una manera extraña ahora era yo la que no quería irse de Piedritas. Ya no me atemorizaban sus gritos, peleas, llantos ni travesuras o necesidades. Eran mi aire, mi sosiego, allí respiraba felicidad, me metía a la casita con ellos, les leía cuentos, me sentaba en la pista de carreras con los niños y jugaba a tomar el té con las niñas. Como que me volví uno de ellos. De un clan maravilloso y contagioso. El pequeño Santiago, así se llamaba, poco a poco me fui ganando su confianza, lo involucré a jugar conmigo. Ya llegaba y me buscaba con su mirada. El día que me fui llorando de emoción al trabajo fue cuando al final del servicio, Santiago corrió hacia mí para despedirse dándome un high five con su manita y luego tomó de la mano a su papá para perderse en el pasillo entre la multitud.

Así me hubiera gustado irme de la mano con mi padre durante mi niñez. Sintiendo la confianza de que alguien grande y fuerte me protege, de que está ahí por mí y que va conmigo en el camino.

MI ESPEJO

Existe un pasaje en la Biblia donde el profeta Jeremías dice que ha oído de la soberbia de Moab, que es muy soberbio, arrogante, orgulloso, altivo y altanero de corazón. Al estar leyendo la descripción de ese sujeto, vi que yo era su misma imagen. Me di cuenta incluso que el sabio Salomón lo dice claramente, en Proverbios 18:12: «Al fracaso lo procede la soberbia humana». Ahí quedó disipada mi duda del porqué del fracaso matrimonial.

¡Cuántas veces la soberbia me ha dominado en la vida! Ante cualquier contrariedad, por pequeña que fuera, la soberbia brotaba instantáneamente en mí. Siempre supuse tener la razón, y cuando alguien trataba de enseñarme o mostrarme algo, yo solía pensar: «Ya sabía».

Hoy puedo percibir que la soberbia no me permitía avanzar. Ese sentimiento de superioridad ante los demás daba por consecuencia un trato distante, ni siquiera me podía rebajar a pedir un favor, a pedir ayuda.

Desde la perspectiva de la mujer que se encontró así misma, puedes corroborar que no me quedé estática ante mis nuevas circunstancias. Fue tan grande mi anhelo de obtener una versión mejorada de mí misma que opté por dejar mi zona de confort. Doy gracias a Dios que me infundió el valor para dar los pasos y salirme de esa nada cómoda zona de confort. Lamentablemente me había aferrado a ella por muchísimos años y los resultados no fueron los deseados.

Existe un dicho popular que reza: «Nadie escarmienta en cabeza ajena». Ojalá que mis errores y equivocaciones te ayuden a no pasar por tantas adversidades. Así que te invito a que hagas lo mismo. Si estás cansada de estar harta, te recomiendo:

1) Cambiar tu manera de pensar.
2) Pedir ayuda.

¿Cómo cambiar tu manera de pensar?

El apóstol Pablo nos expone:

«[...] cambien su manera de pensar para que así cambie su manera de vivir y lleguen a conocer la voluntad de Dios, es decir, lo que es bueno, lo que le es grato, lo que es perfecto.» Romanos 12:12 (DHH)

¿Cómo pedir ayuda?

Dejar atrás la timidez, la vergüenza, el miedo y la soberbia nos favorece grandemente para solicitar ayuda. Ármate de valor y pregunta dónde hay grupos, cursos, apoyo de tipo legal, médico, financiero y educacional. Investiga en plataformas digitales sobre estos recursos locales. Checa los institutos o bibliotecas que proveen servicios gratuitos sobre ciudadanía, talleres infantiles, bancos de comida, clases de inglés, clases de bienestar familiar y eventos deportivos. Acude a servicios en diversas congregaciones y elige asistir en forma regular en donde te sientas mejor, sin duda alguna ahí mismo encontrarás grupos en casa y ministerios que capten tu atención.

¿Estás listo para dar el salto definitivo para ser realmente ser quien quieres ser? Prosigue leyendo y averigua los regalos que Dios tiene para ti.

Mis Relfexiones

CAPÍTULO 8

LA MUJER QUE DECIDIÓ VIVIR LA VIDA QUE DIOS LE REGALÓ

TODA UNA FLOR EN EL JARDÍN DE PAPÁ

Deja de serle infiel a tu futuro con tu pasado

Escuché a mi pastor José Mayorquín decir esta frase y me dije: «Es cierto, ya basta, ya no miraré ni de reojo ese retrovisor, solo fijaré mi vista en Jesús y de ahora en adelante recibo ese futuro que Dios me tiene preparado».

Esto me recordó lo que Pablo nos dice en Filipenses 3:13: «...olvido el pasado y fijo la mirada en lo que tengo por delante, y así avanzo hasta llegar al final de la carrera...» Así como le hice para ir en busca de mis tesoros y me remonté al pasado para encontrarlos, así decidí visualizar mi futuro con o sin ellos. Tesoros al fin, de gran valía, pero en su momento, muchos de ellos se depreciaron y por el solo hecho de estar ahí enterrados me estorban y no tengo espacio para preservar lo que realmente importa. Esos tesoros pesados muy seguramente obsoletos ya cumplieron su función y tanto para mi presente como mi futuro ocupo estar ligera de equipaje.

Y para realmente gozar de este viaje extraordinario llamado vida es que he decidido ya no cargar el muerto. Esta curiosa expresión surgió en la Edad Media cuando se hallaba un cadáver pero no el asesino, y los parientes directos o los vecinos debían hacerse cargo de pagar una multa conjunta. Con esta analogía expreso que ya no quiero hacerme cargo de algo que no soy responsable, más que de mi propia vida. Y elijo que esta sea guiada bajo los parámetros establecidos en mi manual de vida, al que muchos llamamos Biblia.

Confieso que el cambio y la adaptación a la soltería nuevamente no ha sido fácil, pero tampoco tan complicado, y aunque estoy en plena etapa dorada de la vida todavía tengo muchos sueños por lograr. Son sueños que Dios ha puesto en mi corazón desde hace muchísimo tiempo y ahora es el mejor momento de ir por ellos. Pero ¿por dónde empezar? ¿Cuál de ellos es mi prioridad? ¿Cómo le voy hacer para lograr algo tan desafiante? ¿Seré capaz? ¿Y cómo me voy a reinventar? ¿Cómo voy a pulir todo aquello oxidado para que reluzca? ¿Cómo echar a andar un plan para lograr esas metas sublimes?

Fue entonces que me fijé muy bien en lo que el hombre más sabio del mundo, el rey Salomón, dijo: «Dios nos ha dado la conciencia para que podamos examinarnos a nosotros mismos».

Una tarde, viendo la necesidad de ampliar y modernizar una área de mi casa, me tuve que ir a un rincón de ese patio a ver que había allí acumulado. Era una montaña de cajas apiladas cubierta con una lona azul. Como según yo eso estaba bien protegido, nunca me pasó por la mente que ya tenía casi cinco años estático, empolvado y obstaculizando el tránsito. Mis órdenes expresas habían sido de no tocarlas. Pero llegó el momento en que la cuadrilla de trabajadores empezarían la obra y yo tenía que hacer espacio. Programé un domingo para tal faena. Me aterraba ir a sentarme y pasar allí horas a ver qué servía o qué no.

Bajo el sol ardiente y dando sorbitos a varios vasos con limonadas, me hinqué, y en una caja había sets de decoración de pasteles, moldes refractarios y sets de copas. En otra caja había mini estuches con joyería de fantasía y accesorios para el cabello, así como vestuarios de bailables en los que participé en varios festivales. En otras, puros documentos de archivos muertos de esos que debes de guardar cinco años según las leyes. Y en otra caja, bolsas, bultos, tarjetas de amor, periódicos, revistas, cartas, postales, álbumes de fotografías, fotos sin enmarcar, souvenirs de viajes, litografías, carpetas de promociones, boletas de calificaciones, reconocimientos, flores disecadas, libros autografiados, ¡y hasta servilletas con mensajitos y corchos! Por supuesto que había regados muchísimos negativos de fotografías que ya ni se usan... el tiempo apremiaba, así que opté por rescatar lo realmente valioso en mi vida.

A todas esas memorias les di las gracias por siempre acompañarme. En este preciso momento no me resultó incómodo, ya no me dolía ver todos esos momentos que ya no estaban, todas esas gentes que ya partieron de mi vida y que por alguna razón yo pensaba que deshaciéndome de todo eso ellos pensarían que ya no los quería o que me hubiera olvidado de ellos. Aprendí que no es así, a ellos los llevo en mi corazón y ahí perdurarán siempre.

Comprendí que había estado guardando duelos y más duelos de todo tipo a lo largo de mi vida.

Se me ocurrió la idea de digitalizar momentos claves y tiré todo. Guau, qué alivio fue, andaba tan contenta, relajada y sobretodo ligera: aligeré mi alma. Y con una risa a carcajadas, ingeniosamente dije para mis adentros: «Ya tengo todo en la tarjeta de memoria, ya con eso soy feliz y hasta me pueden poner eso en mi ataúd llegado el momento. Ja, ja».

Me desapegué de todo y se desató un torbellino de gente bienhechora a mi alrededor, recuperé mi salud mental y emocional, ¡y hoy gozo de una infinita paz interior!

LA CUADRILLA DEL PLAN DIVINO Y EL DE LA EDIFICACIÓN ENTRAN EN ACCIÓN

Como iba diciendo, la construcción de la obra empezaría y el proyecto debía concluirse en quince días. El contratista resultó ser un instrumento que Dios mandó a mi vida no solo por el proyecto entre sus manos sino por la gran enseñanza que me dejó cada día. Él ni cuenta se dio y ni lo sabe, quizá le toque leerlo aquí.

Resulta que llegó con una cuadrilla de trabajadores, súper puntual, a las 8 am y en pleno lunes. ¡Eso no es nada común en mi país de origen! Todos los señores y jóvenes llegaron con una sonrisa y saludando, diciendo:

—Con permiso.

Pasaban acarreando, cargando, subiendo entre angosturas, picos y alturas con cosas tan pesadas y barrotes gigantes de madera entre sus manos. Bajo el intenso sol y vientos de Santa Ana, salió en las noticias que se habían esparcido varios incendios en la ciudad, así que aunado al polvo y escombros provocado de derrumbar todo lo viejo, había humo y cenizas suspendidas no solo en mi casa, sino en toda la comunidad. Se podían escuchar a lo largo del día sirenas de bomberos ir y venir, el cielo se tornaba oscuro y el olor a quemado llenaba tus sentidos.

Independientemente del caos atmosférico, a ellos se les oía tarareando alegres melodías para sus adentros, nunca hubo música ni aparatos encendidos pues todo estaba resguardado; y en un día corrido hasta las 8 de la noche que apenas se metía el sol, dejaron conclusa toda la cimentación. Yo, al ver al cielo y mirar todo lo que levantaron en equipo, me quedé maravillada.

Al siguiente día también fue lo mismo, llegaron con actitud alegre y servicial y empezaron a laborar. En los ratitos que me paraba a verlos, los veía concentrados en detalles, limando, cortando, conectando, uniendo, haciendo instalaciones eléctricas, de plomería, de paneles, abriendo huecos, ventilas, resanando, quitando asperezas, alisando, terminando la obra negra y pintando. Cada día era un avance notorio a mi vista. De hecho, terminaron en una semana y no en quince. Al final, me dijeron:

—Señora, ya está listo, eco sustentable, de uso eficiente y duradero. Ahora sí va a disfrutar su hogar.

Claro que mi sorpresa no quedó ahí, pues el señor contratista comentó que a él le fascina la madera y siempre creció con su padre aprendiendo el oficio de carpintería; pero por las circunstancias modernas de la vida ya casi nadie pide ese tipo de trabajos artesanales y que por la contingencia de la COVID-19, todos sus amigos maestros de escuela se habían unido para buscar trabajo en este tiempo de crisis pues ellos no estaban dando clases. Los reunió en su congregación y así andan haciendo su lucha para sacar a sus familias adelante.

Dios me mandó a un carpintero de corazón a edificar mi hogar con todos esos ángeles terrenales, ilustrándome que el trabajo en equipo obra milagros, que sí, toma su tiempo y dedicación, pero con un plan bien trazado llega a su ejecución. Aquí aprendí que solo se requería de mí: ¡hincarme y desenterrar todo aquello ocupado en un rincón de mi hogar! Y yo que le tenía miedo a las inconveniencias, molestias y ruidos. De esos escombros, hoy tengo bases fuertes que me prodigan techo y amor del cielo.

También quiero añadir que día a día, el estímulo e inspiración provenía de la mano de Dios con su plan divino para mi vida y aún sigue en plena ebullición dando frutos y más frutos. Aquí honro la fidelidad de Dios cuando nos dice Su Palabra en 1 Corintios 2:9: «Para aquellos que lo aman, Dios ha preparado cosas que nadie jamás pudo ver, ni escuchar ni imaginar».

A Dios no le importó que en plena pandemia, crisis sociales, desempleo y condiciones adversas en mi salud, yo pudiera resurgir del caos y salir más que avante en mi vida relacional, ministerial, laboral y personal.

Lo que yo llamo mi cuadrilla del plan divino se presentó también como la cuadrilla de trabajadores de la construcción. Nada más que esta se encargó de restaurar y renovar mi persona.

Justo cuando los trabajadores de la construcción estaban demoliendo a mazos la estructura vieja de la casa, yo estaba con mi mentora, Rebeca Segebre, estableciendo fechas para publicar este libro. Cuando tomé su seminario *Próspera 2020*, leí su libro *Tú naciste para escribirlo* y seguí paso a paso *el Plan divino*, fue cuando dije:

—Manos a la obra.

Cabe mencionar que el plan divino lo empecé el 28 de enero y en cosa de días yo ya estaba escribiendo el manuscrito. Ese sueño que Dios había puesto en mi corazón desde hacía mucho y yo me encargaba de frenar por no saber organizarme me llevó menos de tres meses.

¿No que no se podía? ¡Hasta en menos tiempo de lo que imaginé!

CON EL PODER DE UN CLIC

A raíz de girar mi mirada a Jesús y recibir ese chispazo de avivamiento en mi corazón pues ya su Espíritu Santo vive en mí, es cuando experimenté en carne propia ese poder de un clic. Un clic entre Él y yo que dio forma a una relación inseparable, incondicional y de inagotable amor. Su clic en mi vida ha ido transformando mi manera de pensar y de vivir.

Por su gracia, siento que una cascada de unión y amor se desborda sobre los míos. Hasta el estado anímico en mi familia directa e inmediata empezó a cambiar, y qué decir de toda aquella familia extendida y dispersa por todas partes del mundo. Ahora se aparecen virtualmente saludando e incluso apoyándome en los planes de mis nuevos comienzos. ¡Dios es bueno y fiel!

El primer clic de la mañana se lo doy a mi Biblia electrónica para meditar en el versículo del día y eso me da el discernimiento de lo que Dios me está hablando y desea que haga.

Con un clic disfruto de canciones para alabar y adorar, ya sea en mi casa, en el carro o en mis caminatas.

Con un clic asisto a conferencias, participo en talleres y cumbres, doy enseñanzas a grupos de mujeres y publico relatos o videos en las redes sociales.

Con el poder de un clic pude inscribirme en una universidad en Estados Unidos para tomar clases no presenciales.

Con un clic, al enviar emails, reestablecí contacto con

familiares y amigos que a través del tiempo y la distancia había perdido.

A través de clics fui capaz de seguir tutoriales y perder el miedo a las nuevas tecnologías que ya estaban a mi alcance y me resistía a no usar.

Con el poder de un clic se fueron abriendo nuevas oportunidades, ya que tengo el trabajo que siempre deseé y todo el proceso de contratación fue virtual.

Asimismo, si no hubiera sido que una amiga me mando el enlace para tomar unas clases gratis de la Academia Escribe y Publica tu pasión, quizá nunca hubiera realizado este sueño.

De ahí en adelante todo se fue dando, de clic en clic, siempre soñé en servir con un ministerio enfocado a la mujer y felizmente formo parte de una comunidad virtual y colaboro en grupos de mujeres valiosas.

Con el poder de un clic estoy haciendo nuevas amistades alrededor del mundo, cosa que siempre soñaba desde la infancia, pues me ponía a escribir postales a niños y niñas motivada por un programa de televisión llamado la Canica azul (Big Blue Marble, en inglés)

Pero, pero… siempre hay un pero, ¿verdad? No todo son hojuelas de miel y la vida se torna color de rosa de nuevo. Estos comienzos de reinventarme a los 50 y más, se han topado con cosas tan insólitas, y estas son algunas de ellas.

Fui testigo de un acontecimiento que le pasó a una persona especial en mi vida en plena madrugada. Me despertaron sus llantos y oración en voz alta, aquella pesadilla le paralizó y yo le sacudía y no lograba despertarla. Cuando por fin volvió en sí y me contó todo lo sucedido, con aquellas imágenes dantescas, caí en cuenta que el mensaje era para mí.

Fue escalofriante escuchar esas palabras, pero a la vez me dio mucha paz. Esa pesadilla que ella tuvo fue un milagro de revelación en mi futuro.

Luego, en la siguiente madrugada, se dio otro evento que le llamé «El Titanic en casa», pues se desató una tubería provocando una inundación en toda la planta baja.

También se aunaron ataques cibernéticos, pues algunas de mis cuentas corrían peligro de robo de identidad y trataron de clonar las tarjetas de crédito.

Cuando por fin me llamaron del trabajo para reincorporarme a la oficina, me enviaron fuera de la ciudad, y a los días me llegó una notificación de que habría de desocupar el departamento donde vivía en San Diego porque la propiedad se iba a vender. Así que tenía que solucionar todo a control remoto pues yo no podía regresar a preparar la mudanza ni nada. Aparte, se presentaban cuadros de una salud frágil. Aun así, sorteando adversidades y empeñada en sacar los planes como los tenía establecidos, se iban presentando inconvenientes que los retardaban. Claro que me frustraba y quería aventar la toalla, pero me venía el clic de la llenura del Espíritu Santo diciendo:

—En el mundo tendrás aflicciones, pero confía, yo he vencido al mundo.

GUIÑOS DEL CIELO

¿Puedes creer que justo el Día del Padre, el tercer domingo de junio, Dios me hizo otro milagro?

Me encontraba en pleno vuelo y me dediqué a contemplar las nubes y admirar las sierras, los riachuelos naturales y los campos de siembra. Me dije: «Uau, esto es Su amor en el aire». Me tocó hacer escala y al entrar a la sala de espera me empezaron a llegar mensajes y buzones de voz de diferentes gentes. Me sorprendí cuando me llegaron fotos mías a corta edad, de mi papá cargando a una prima, otras donde estamos primos jugando en la arena, retratos de boda de mis padres, ¡y otras yo nunca las había visto! Fue toda una delicia recibir esos regalos del cielo. ¿Quién les dijo que me los enviaran? Uno tras otro, uno tras otro.

Me emocioné tanto que les hablé a mis hermanos, y los tres coincidimos en que existen las Dioscidencias. ¿Por qué en ese momento, y en especial ese día? Era como si todos se hubieran sido conectados para el mismo fin, hacerme saber que mi Padre Celestial me estaba mandando postales de mi padre terrenal en sus años mozos.

Así que decidí escribirle una carta, la titulé como una de las primeras que serán las cartas al cielo y aquí te la convido:

21 de junio, 2020
Tucson, Arizona

Bajo el radiante sol e intenso calor me recibes. Sé que es tu abrazo de fuego apresurado y dichoso por verme venir a ti, oh, Señor.

Eres mi Padre Celestial y te honro como tal, gracias a ti, tengo esa identidad que solo tú me das, el de ser tu hija amada. Me amas inseparable, incondicional e inagotablemente. Cuán dichosa me haces, y no, ya no me voy a reprochar el haber pasado 50 años sin ti, pues de una u otra manera me has comprobado que tú nunca me abandonaste. Yo no te conocía, pero tú a mí sí, y siempre estuviste ahí. Aun con todos mis defectos y dureza de corazón me salvaste.

De chiquilla pensaba que era huérfana, aun teniendo a mi madre. Los niños se burlaban de que yo no tuviera papá. Inocencia de niños al fin, pero seguramente lo oían decir en sus casas y no se daban cuenta del daño de sus bromas crueles. Pero eso quedó en el pasado, sanado y enterrado.

Gracias, Padre Celestial, por haberme dado no solo a mi padre terrenal, sino también aquellos que tomaron ese rol y cimentaron valores. Ellos me llaman o me decían con mucho amor Alfita, Sugar, Alfie y Mija.

Hoy en día te encargas de mandarme señales maravillosas, milagros que nunca pensé vivir. Estoy pletórica por nuestra conexión, tú y yo. El Alfa y el Omega, unidos, qué hermoso, ¿verdad?

Hoy, el Día del Padre, te celebro a ti, con pastel de crepas de coco y piña, y con gelatina de durazno. Sabes que soy postrera de corazón, así que si a mí me gustan, a ti más.

Besos hasta el cielo, aunque sé que estás aquí y me das un beso en la frente.

Tu hija,
Alfa

También quise escribirle algo a mi papá, el hombre que injustamente la justicia me arrebató. En su afán de que hubiera justicia y democracia en mi país de origen, él se tuvo que ir. Pero hoy sé que en su mente y en su corazón, aunque yo no lo entendiera, me amaba.

El párrafo final de esa carta dice así:

Quisiera decirte papá que te amo. Nunca te lo he dicho, ¿verdad? Pero sí, te lo digo y te lo pongo por escrito. Te amo. Todas esas cartas o postales que añoraba que llegaran de tu parte algún día, hoy yo te las empezaré a escribir, ¿te parece? Y aunque tome solo de referencia el título de la obra de García Márquez, no es que «el general no tenga quién le escriba», en tu caso sería «el comandante no tiene quién le escriba», pero su hija Alfa sí.

Algún día, en algún lugar, volveremos a estar juntos.

¿QUÉ SIGUE?

He de agregar que no renuncio al amor y, como toda mujer ilusionada, he creído muchas historias de hombres que se han presentado a cortejar —pero que si te las contara necesitaría escribir otro libro pues hay de todo, para que te rías o te de coraje, desde inverosímiles, graciosas, traicioneras y hasta de aprovechados—. ¿Puedo volver a enamorarme después de los 50? Sí, pero soy divorciada, sin hijos y con fundamentos cristianos. No ando buscando romance, ando buscando amar. ¿Y si no me caso? ¡Uy! Quedan todas estas incógnitas y más por resolver. Te contaré cómo vivir tu soltería pero que no te pese la etiqueta de exitosa. Yo no me quiero refugiar en mi vejez, prefiero pasar de inteligente y seria, a mujer sabia y divertida, ¿no crees?

Así que este recorrido no termina, apenas empieza.

Busca de Dios, aférrate a Él en oración y medita Su Palabra, ahí encontrarás su amor inagotable por ti. Rodéate de personas que sumen a tu vida, sigue el plan divino que Dios ha dictado en tu corazón y hazlo con verdadera pasión. No te esperes la mitad de tu vida, como a mí me sucedió. Si yo he podido, créeme, tú también.

Como colofón, quiero compartirte el soneto del poeta argentino, Francisco Luis Bernárdez, que dice:

Si para recobrar lo recobrado
debí perder primero lo perdido,
si para conseguir lo conseguido
tuve que soportar lo soportado,

si para estar ahora enamorado
fue menester haber estado herido,
tengo por bien sufrido lo sufrido,
tengo por bien llorado lo llorado.

Porque después de todo he comprobado
que no se goza bien de lo gozado
sino después de haberlo padecido.

Porque después de todo he comprendido
por lo que el árbol tiene de florido
vive de lo que tiene sepultado.

ACERCA DE LA AUTORA

Alfa Yáñez es la primera nieta de una familia muy singular y revolucionaria. Nació en la llamada Ciudad de las montañas: Monterrey, México. Egresada de turismo, cuenta con más de veinte años de trayectoria profesional en administración de empresas, ventas y servicio al cliente. Fue emprendedora en el área de mercadotecnia y promoción directa con su propia agencia de publicidad.

Es experta en traducción e interpretación legal; y actualmente brinda servicios profesionales como lingüista en el sector privado. Ha sido oradora en múltiples plataformas y ofrece conferencias de liderazgo, talleres de desarrollo personal y da clases de discipulado a grupos de mujeres. Ama ser la voz que cuenta historias o anécdotas de índole personal y familiar, y le gusta escribir para compartir sus luchas y aprendizajes, y de esta manera crecer con las mujeres en su ministerio. Ella vive con fe y es intercesora de corazón, siempre expectante de la continua sorpresa y bendiciones de parte de Dios. Su acción social se resume en obra práctica para asilos de ancianos, orfanatos, brigadas médicas y mujeres víctimas de violencia intrafamiliar. Alfa es una aficionada a viajar y recorrer países, disfruta de la música de percusión árabe, bossa nova y jazz, además que le encanta bailar todo ritmo.

Es líder en la comunidad Mujer valiosa y tiene una gran pasión por inspirar a otras mujeres a atesorar a Dios en sus vidas.

Si deseas escribir a la autora, o quieres mayor información acerca de sus seminarios y conferencias, puedes comunicarte a través de estas vías:

Correo electrónico:
alfayanezweb@gmail.com

Pagina web:
www.AlfaYanez.com

Redes Sociales:
www.facebook.com/AlfaYanezOficial
www.instagram.com/alfa_yanez_

Semblanza

En una fresca mañana de otoño, a mediados del mes de noviembre, abuelos y tíos de la familia Yáñez-Puente esperaban con ansia y gustosos recibir al primogénito de una nueva generación. Sin distingo de género sería un Alfa de la nueva tribu. ¡¡Es niña!!, se escuchó en la sala de parto.

Fue en ese momento que recibí mi primer brazalete, uno que, sin color, pedrería, o metales preciosos marcó mi vida y creo también mi gusto por los accesorios. Así es como puedo describir la escena en la que imagino el día de mi nacimiento.

Abuelos, tíos y, por supuesto, mis padres llenaron mi infancia de cuentos, lecturas, juegos y risas. En mis primeros cinco años llegaron a mi vida un montón de primos, un hermano varón (Nandito Yáñez) y una niña (Pilarica de los remedios); pero yo siempre seré recordada como Alfita Alfita, la primera. Estos sobrenombres fueron invención de mis adorables abuelos.

Los nombres de pila que llevo tienen un peso muy grande. Alfa, la primera letra del alfabeto griego y Beatriz, los nombres de mi abuela paterna y mi mamá, ambas los pilares más emblemáticos de mi vida.

Al pasar de los años he ganado calificativos como bonita, inteligente, aplicada, estudiosa, lista, sonsa, sangrona. Me han llamado amiga, hermana, Yáñez, hija, novia, esposa, bebita, aunque los que más me gustan son altexa galáxica y princesa árabe; y los que mejor me describen son fiel, jovial, femenina, noble, bondadosa, amorosa, leal, viajera; mi favorito es solecito, pero yo me declaro una mujer valiosa e hija de Dios.

También he ganado diferentes títulos que ostento en mi

currículo profesional: Licenciada en hotelería y turismo, gerente administrativo, gerente regional de ventas de hoteles Howard Johnson, *lister* y relaciones públicas, propietaria del Grupo Amega agencia de publicidad y promoción directa, jefe de crédito y cobranzas, agente de ventas, ejecutiva de cuenta, asesora en servicio al cliente, *team lead*, coordinadora de publicidad y mercadotecnia, *crew member*, traductora intérprete simultánea y consecutiva en español e inglés, asistente bilingüe en despacho legal, *toastmaster*, voluntaria en tribunales de San Diego y diferentes organizaciones sin fines de lucro.

Todo lo anterior habla de mí, describe una pequeña parte de mi pasado; pero hoy estoy reaprendiendo a construir mi persona, a tener paz con mi ser y lo estoy logrando tomada de la mano de Él que me guía desde siempre y hoy reconozco con mi fe desde mi corazón.

Regiomontana de nacimiento. Mi nombre es Alfa Beatriz Yáñez Puente, mujer amorosa y de fe. Hija de Fernando y Beatriz, hermana mayor de Fernando y Xava, tía de tres y amiga de quien pretenda una amistad sincera.

Encuentra ayuda en la comunidad

Mujer Valiosa

El movimiento *Mujer valiosa* está liderado por un grupo de mujeres que son expertas en diferentes esferas de la vida.

Mentores y coach de vida en los que puedes confiar.

Somos mujeres cristianas que ofrecemos mentoría a aquellas que se esfuerzan por mantener el equilibrio en la vida y ser valiosas en su hogar, emprendimiento y comunidad.

- ☑ **Matrimonio**
- ☑ **Liderazgo**
- ☑ **Negocios**
- ☑ **Desarrollo personal**
- ☑ **Madres Valiosas**
- ☑ **Vida Espiritual**

y mucho más.

Reserva una sesión privada o grupal con Alfa Yáñez para ayudarte resolver desafíos y enriquecer tu vida en el área de **Liderazgo y desarrollo personal.**

Alfa Yáñez

Líder en la comunidad Mujer Valiosa, autora y conferencista

Agenda aquí: MujerValiosa.org/alfa

Mis Relfexiones

....

....

....

....

....

....

....

....

....

....

....

....

....

....

....

....

Mis Relfexiones

....

....

....

....

....

....

....

....

....

....

....

....

....

....

....

....

....

Mis Relfexiones

....

....

....

....

....

....

....

....

....

....

....

....

....

....

....

....

....

....

Mis Relfexiones

www.ingramcontent.com/pod-product-compliance
Lightning Source LLC
Chambersburg PA
CBHW071030280326
41935CB00011B/1518